FALANDO DE GESTÃO

2

I0479649

VALIOSOS INSIGHTS

Rodrigo Vargas

FALANDO DE GESTÃO 2

2

VALIOSOS INSIGHTS

AVISO LEGAL

1 - É proibida a reprodução deste livro, parcial ou integral, por qualquer meio, eletrônico ou físico, sem a autorização prévia e expressa do autor, conforme a lei brasileira nº 9.610/98, e demais leis de direitos autorais dos países onde este livro for adquirido. O não cumprimento destas condições pode levar a ações cíveis de reparação de danos, além das penas criminais cabíveis.

2 - Esforços razoáveis foram feitos para que as informações contidas neste livro estejam corretas e atualizadas (na data de sua produção), todavia, não há como garantir que não haja erros, equívocos, imprecisões, falhas ou omissões; inclusive, em decorrência do passar do tempo.

3. - Este livro tem o objetivo de divulgar informações de caráter genérico, de acordo com a experiência e conhecimento do autor, e não deve ser interpretado como consultoria ou determinação específica a você, ou ao seu caso, nem como garantia ou promessa de qualquer resultado.

Nota 1: Caso encontre algum tipo de erro, sua gentileza em informar através do formulário "Comunicar Erro", do portal GestaoIndustrial.com, será muito apreciada.

Nota 2: Devido às condições inerentes à internet, e/ou outras condições gerais, o portal GestaoIndustrial.com pode sofrer perda de dados, falhas eventuais, e interrupções temporárias ou não.

FICHA CATALOGRÁFICA FEITA PELO AUTOR

V297   Vargas, Rodrigo
      Falando de Gestão 2: Valiosos Insights / Rodrigo Vargas - Autopublicado pelo Autor, impresso através do sistema de impressão por demanda, a partir de 2020. Impressão feita pela Amazon.
      204 p.; il.; 15,24 x 22,86cm (6" x 9")

      ISBN-10: 1651727678
      ISBN-13: 978-1651727676

      1. Gestão. 2. Administração Industrial. 3. Temas Diversos. I. Título.

CDD: 650
CDU 658.3

FALANDO DE
DE VALIOSOS INSIGHTS
GESTÃO 2

TEMAS DA ADMINISTRAÇÃO GERAL, CULTURA ORGANIZACIONAL, DESENVOLVIMENTO PROFISSIONAL, LIDERANÇA, MARKETING, PLANEJAMENTO ESTRATÉGICO, PRODUTIVIDADE E QUALIDADE.

Rodrigo Vargas

SOBRE O AUTOR

Rodrigo Vargas é Engenheiro Mecânico formado pela Universidade Federal do Paraná, especialista em Gestão Empresarial pela Fundação Getúlio Vargas, e pós-graduado em Engenharia de Manutenção Mecânica pela Universidade Federal do Paraná. Tem mais de 30 anos de experiência profissional, sendo mais de 20 dedicados a atividades de gestão e liderança, tendo trabalhado em renomadas empresas multinacionais, com vivência profissional internacional na Europa, Ásia e América Latina.

É o criador e editor do portal GestaoIndustrial.com, onde disponibiliza gratuitamente, há mais de 15 anos, informações sobre os temas principais da Gestão Industrial. É também o criador e editor do blog internacional de gestão e liderança WithinManagement.com.

Rodrigo obteve certificação *Black Belt* na metodologia Seis Sigma, certificação *Practitioner* em Programação Neurolinguística, certificação de Auditor Líder do Sistema de Gestão da Qualidade ISO 9001, e formação complementar em Docência pela Fundação Getúlio Vargas.

Rodrigo Vargas tem vários livros publicados nas áreas de gestão, finanças, e cognição (ao final do livro há uma lista completa dos títulos). Rodrigo Vargas é também o criador e

SOBRE O AUTOR

produtor do canal Universo da Gestão, no YouTube, com os temas mais relevantes da gestão em formato de videoaula.

DEDICATÓRIA

Aos meus filhos,

Lucas e Nicolas.

SUMÁRIO

SUMÁRIO

SUMÁRIO

PREFÁCIO

Ter um *insight* significa ter uma percepção, compreensão, percepção, ou entendimento sobre algo; e, por extensão, chamamos de *insights* as mensagens ou informações que provoquem esses entendimentos e que nos levem a soluções e melhores resultados. Neste livro, Falando de Gestão 2, eu reuni e organizei por categorias os vários artigos que foram escritos em 2019 para o meu Blog, dentro do portal GestaoIndustrial.com. Os temas estão relacionados à:

- Administração Geral,
- Cultura Organizacional,
- Desenvolvimento Profissional,
- Liderança,
- Marketing,
- Planejamento Estratégico,
- Produtividade,
- Qualidade.

Assim como no primeiro livro, espero que os temas apresentados aqui, e seu conteúdo, provoquem em você *insights* positivos e criem momentos de reflexão e aprendizado que o levem a desenvolver novas competências, além de aperfeiçoar as já existentes. Jennifer James, uma antropóloga cultural americana, escreveu em seu livro *Thinking in the Future Tense: A Workout for the Mind* (Pensando no Futuro: Um Exercício

PREFÁCIO

para a Mente - em tradução livre) um pensamento muito interessante: *Insight is a "mental vision", one of the ways in which the mind escapes the limits of the obvious or the familiar* (O insight é uma "visão mental", uma das maneiras pelas quais a mente escapa dos limites do óbvio ou do familiar - em tradução livre).

Boa leitura e Sucesso!

ADMINISTRAÇÃO GERAL

A LEI DA BANALIDADE E O IMPACTO NAS ORGANIZAÇÕES

Cyril Northcote Parkinson, um autor e historiador inglês, publicou em 1958 seu livro: *Parkinson's Law – or The Pursuit of Progress,* que é uma reunião de vários de seus artigos publicados anteriormente em revistas como The Economist, Harper's Magazine e The Reporter. Seu livro, embora satírico, traz vários axiomas pertinentes ao mundo da administração que merecem atenção, entre eles, a Lei da Banalidade, que, em resumo, diz que: "*o tempo despendido na discussão de cada item de uma agenda está na razão inversa da soma discutida*" (não confundir a Lei da Banalidade com a Lei de Parkinson, do mesmo autor, que diz que *o trabalho se estende para ocupar o tempo disponível para sua execução*).

ADMINISTRAÇÃO GERAL

O Exemplo do Reator Atômico

Parkinson, para expor sua ideia, relata uma reunião de uma comissão de finanças em que se gastou 2,5 minutos para discutir a aprovação de um reator atômico de 10 milhões, enquanto, a mesma comissão, gastou mais de 45 minutos para discutir o abrigo para bicicletas. Ele argumenta que o assunto do reator atômico é muito mais complexo, e menos conhecido da maioria, e poucos, na verdade, conseguem opinar e avaliar; diferente do abrigo para bicicletas, em que todos se sentem muito mais capazes de opinar. Por conta desse famoso exemplo, a Lei da Banalidade, em inglês, é conhecida também por *bikeshedding* (abrigo para bicicletas).

A Banalidade na Prática

De maneira prática, podemos entender a **Lei da Banalidade como sendo a tendência de alguns membros da alta direção de uma Organização em despender muito tempo com assuntos banais, em detrimento de outros mais importantes**. E isso acontece, mesmo? Sim, pela minha experiência, infelizmente, acontece. Lembro de um CEO que discutia horas e horas sobre questões de Recursos Humanos que poderiam ser delegadas, e gastava poucos minutos discutindo problemas de Produção; ou ainda, passava horas e horas discutindo sobre preços com a área Comercial, mas não passava de alguns minutos discutindo sobre custos com a área Industrial (nesse caso, é claro, há uma variação na lei, pois o tema "preços" não é irrelevante, porém, havia uma desproporção clara na atenção dispensada a cada um dos temas).

Veja esse outro exemplo, o gestor industrial precisava discutir o aluguel de uma nova área de estoque, pois o volume de compras estava aumentando consideravelmente, por três motivos: a maior parte das compras eram de fornecedores da China e, como estava próximo do feriado Chinês, era necessário antecipar muitos pedidos; o outro motivo é que foram agregadas novas linhas de produto; e por fim, estavam aumentando as vendas. Por sorte, havia um barracão disponível na frente da fábrica, mas para fechar o contrato, tinha que ter o aval do CEO. Passaram-se dias sem que o CEO encontrasse tempo para discutir o assunto... ele dizia estar ocupado (mas encontrava tempo para banalidades) e pedia para postergar o assunto (ainda que tivesse sido alertado sobre a urgência). Acabou que, quando finalmente o CEO foi tratar o assunto, já se havia perdido a oportunidade, e foi preciso buscar alternativas menos interessantes. Mais uma vez, vemos um CEO negligenciando um assunto importante, dando atenção a tantos outros menos urgentes e menos relevantes.

O Impacto

Esses exemplos não são casos isolados, e o resultado disso, o mais das vezes, é a ocorrência de decisões equivocadas ou extemporâneas dentro da Organização. Infelizmente, não é raro esse tipo de CEO (falo, aqui, em CEO, mas é claro que ocorre com diretores e gerentes dos mais variados níveis nas diversas Organizações) que, desconhecendo determinado assunto, ao invés de buscar entendê-lo, tende a evitá-lo. Ele prefere discutir o cardápio do almoço ou passar horas planejando a próxima viagem para feiras e exposições, do que passar algumas horas para entender melhorias necessárias em determinados processos sob sua gestão. **Um CEO que se comporta assim, atento às banalidades, e distante do que é importante vai, mais cedo ou mais tarde, causar perdas e prejuízos na**

Organização, seja pela saída de bons profissionais desmotivados, seja pela ineficiência administrativa.

O PARADOXO DE FREDKIN

Você já se pegou angustiado antes de tomar uma decisão? Provavelmente, era uma decisão em que não havia uma significativa vantagem entre uma alternativa e outra, e a similaridade entre elas trazia uma dificuldade em definir a melhor escolha. Ao contrário, quando visualizamos uma clara vantagem entre uma e outra alternativa, a escolha é mais fácil. O curioso, no entanto, é que quanto mais similares são as alternativas, menos importaria a escolha, pois, em tese, são "quase a mesma coisa"; mas são justamente essas decisões que nos afligem mais, e nos tiram mais o sono. Esse é, justamente, o Paradoxo de Fredkin.

O matemático americano, Marvin Minsky, em seu livro *Society of Mind*, publicado em 1986, postula o Paradoxo de Fredkin, que ele atribui ao cientista da computação

Edward Fredkin, e que diz o seguinte: *Quanto mais atraentes duas alternativas parecerem, mais difícil será escolher entre elas - não importa que, num mesmo grau, a escolha só possa importar menos.*

Por que, então, nos delongamos tanto em decisões que são igualmente atraentes (ou igualmente não atraentes) e que, em tese, deveriam até ser mais fáceis? Segundo a professora de psicologia da Universidade da Califórnia, Tania Lombrozo, em seu artigo *Why Hard Decisions Should Be Easy (But Aren't)* (Por que Decisões Difíceis Deveriam Ser Fáceis (Mas Não São) - em tradução livre), o que importa para decisões difíceis não é apenas um processo de decisão que irá maximizar as chances de encontrar simplesmente a melhor escolha, mas é também um processo que minimize o arrependimento futuro.

Nesse sentido, o que dificulta, ou delonga, o nosso processo de decisão, muitas vezes, não é a escolha em si, mas a ponderação que fazemos acerca das consequências da decisão. Outra questão fundamental é que nos incomoda não encontrar fatores que revelem vantagens ou desvantagens entre as alternativas; não conseguir vislumbrar claras vantagens é como enxergar uma paisagem com nevoeiro, ficamos sempre tentando melhorar a visão, esperando dissipar pontos que parecem obscuros. Bom senso e intuição podem ajudar!

OS PERFIS PSICOLÓGICOS

COPYRIGHT @ FALANDO DE GESTÃO 2 · RODRIGO VARGAS

Assim como numa peça de William Shakespeare, em que cada personagem assume um papel distinto e característico, nós também agimos no dia a dia de acordo com o papel para o qual fomos criados. E isso é devido a dois conceitos básicos: temperamento e personalidade. O temperamento é o modo de ser, é a qualidade predominante de nossa índole, e que, segundo a psicologia, nasce conosco. A personalidade é o modo de agir, e é determinada pelo temperamento, mas também, é influenciada pela nossa educação e pelo ambiente externo; ela é o todo que se expressa no indivíduo. Existem várias teorias que tentam desvendar e classificar os temperamentos do ser humano, vamos, aqui, conhecer o que eu entendo ser as mais importantes.

Hipócrates

Conhecido como "O Pai da Medicina", Hipócrates foi um dos pioneiros em analisar e definir os temperamentos do ser humano (isso lá no século V a.C.). Hipócrates acreditava que havia quatro fluidos principais no corpo humano (sangue, linfa, bílis amarela e bílis negra) e que, de acordo com a predominância de cada um, haveria 4 tipos básicos de temperamentos: sanguíneo, fleugmático, colérico e melancólico, respectivamente:

- **Sanguíneo** (ou hemático): Predominância do sangue, seria mais extrovertido e mais estável emocionalmente.
- **Fleugmático** (ou linfático): Predominância da linfa, seria mais introvertido e mais estável emocionalmente.
- **Colérico** (bilioso): Predominância da bílis amarela, seria mais extrovertido e menos estável emocionalmente.
- **Melancólico** (nervoso): Predominância da bílis negra, seria mais introvertido e menos estável emocionalmente.

Carl Jung

Carl Gustav Jung (1875-1961) nasceu na Suíça, formou-se em psiquiatria, trabalhou como psicoterapeuta, e fundou a psicologia analítica. Jung, no seu livro *Psychological Types* (Tipos Psicológicos - em tradução livre), publicado originalmente em 1921, classificou os indivíduos dentro do que ele chamou de 2 tipos gerais de atitude, e 4 tipos de funções.

- **2 Tipos Gerais de Atitude**: **Extrovertido** (mais voltado ao ambiente externo, gosta de interagir com pessoas, gosta de muitos estímulos provenientes do ambiente) e **Introvertido** (mais voltado a si mesmo, prefere interagir com pessoas de forma seletiva, não precisa de muitos estímulos do ambiente para viver).
- **4 Tipos de Funções:**
  - de Julgamento: **Racional** (age conforme a razão, antagonista do Emocional) e **Sensitivo** (compreensão através dos sentidos, antagonista do Intuitivo)
  - de Percepção: **Emocional** (age baseado na emoção, antagonista do Racional) e **Intuitivo** (compreensão através da intuição, antagonista do Sensitivo)

Portanto, Jung preconiza 8 perfis psicológicos básicos:
- Extrovertido Racional
- Extrovertido Emocional
- Extrovertido Sensitivo
- Extrovertido Intuitivo
- Introvertido Racional
- Introvertido Emocional
- Introvertido Sensitivo
- Introvertido Intuitivo

ADMINISTRAÇÃO GERAL

De acordo com Jung, o indivíduo pode ter um tipo de função principal (ou superior), sendo sua antagonista, inferior; pois, as outras funções aparecerão como auxiliares ou secundárias. Por exemplo, um tipo Extrovertido Racional terá a **extroversão** como atitude geral e a **racionalidade** como função superior. A **intuição** ou **sensação**, serão funções secundárias, porém, jamais a **emoção**, pois esta é a antagonista da **racionalidade**.

Myers-Briggs

Katharine Cook Briggs e sua filha, Isabel Briggs Myers, desenvolveram, baseado no trabalho de Jung, o chamado *Myers-Briggs Type Indicator* (MBTI), composto de 16 perfis psicológicos, a partir das combinações dos 3 pares de tipos opostos de Jung; além de duas outras dimensões (Julgamento e Percepção) que, no livro de Jung, era a forma dele nominar os dois pares de funções (racional e sensitiva, emocional e intuitiva, respectivamente). O MBTI foi publicado por Katharine Cook Briggs como um artigo no jornal *The New Republic*, em 1926. Os 16 tipos são:

- ESFP (Improvisador Entusiasmado): Extrovertido + Sensitivo + Emotivo + Perceptivo.
- ESFJ (Colaborador Apoiador): Extrovertido + Sensitivo + Emotivo + Julgador.
- ESTP (Solucionador Energético): Extrovertido + Sensitivo + Racional + Perceptivo.
- ESTJ (Organizador Eficiente): Extrovertido + Sensitivo + Racional + Julgador.
- ENFP (Motivador Criativo): Extrovertido + Intuitivo + Emotivo + Perceptivo.

- ENFJ (Facilitador Sensível): Extrovertido + Intuitivo + Emotivo + Julgador.
- ENTP (Explorador Empreendedor): Extrovertido + Intuitivo + Racional + Perceptivo.
- ENTJ (Estrategista Determinado): Extrovertido + Intuitivo + Racional + Julgador.
- ISFP (Apoiador Versátil): Introvertido + Sensitivo + Emotivo + Perceptivo
- ISFJ (Ajudante Prático): Introvertido + Sensitivo + Emotivo + Julgador
- ISTP (Pragmático Lógico): Introvertido + Sensitivo + Racional + Perceptivo
- ISTJ (Realista Responsável): Introvertido + Sensitivo + Racional + Julgador
- INFP (Idealista Reflexivo): Introvertido + Intuitivo + Emotivo + Perceptivo
- INFJ (Visionário Perspicaz): Introvertido + Intuitivo + Emotivo + Julgador
- INTP (Analista Objetivo): Introvertido + Intuitivo + Racional + Perceptivo
- INTJ (Planejador Conceitual): Introvertido + Intuitivo + Racional + Julgador

Keirsey

David Keirsey, um psicólogo americano, desenvolveu o *Keirsey Temperament Sorter* (Classificador de Temperamentos de Keirsey - em tradução livre) baseado no trabalho de Platão e Jung, utilizando, também, as 16 combinações de perfis de modo similar ao Myers-Briggs, e que aparece descrito no livro *Please Understand Me* (Por

Favor Me Entenda - em tradução livre), escrito com Marilyn Bates e publicado em 1978. O Sistema Keirsey preconiza 4 grandes grupos de temperamentos (Artesão, Guardião, Idealista, Racional) e os subdivide em 4 perfis cada:

- **Artesão** (voltado ao mundo externo, pensamento utilitário)
  - Promotor => ESTP: Extrovertido + Sensitivo + Racional + Perceptivo.
  - Construtor => ISTP: Introvertido + Sensitivo + Racional + Perceptivo
  - Artista => ESFP: Extrovertido + Sensitivo + Emotivo + Perceptivo.
  - Compositor => ISFP: Introvertido + Sensitivo + Emotivo + Perceptivo
- **Guardião** (voltado ao mundo externo, pensamento cooperativo)
  - Supervisor => ESTJ: Extrovertido + Sensitivo + Racional + Julgador.
  - Inspetor => ISTJ: Introvertido + Sensitivo + Racional + Julgador
  - Provedor => ESFJ: Extrovertido + Sensitivo + Emotivo + Julgador.
  - Protetor => ISFJ: Introvertido + Sensitivo + Emotivo + Julgador
- **Idealista** (voltado ao mundo interno, pensamento cooperativo)
  - Professor => ENFJ: Extrovertido + Intuitivo + Emotivo + Julgador.
  - Conselheiro => INFJ: Introvertido + Intuitivo + Emotivo + Julgador

- o Campeão => ENFP: Extrovertido + Intuitivo + Emotivo + Perceptivo.
- o Curador => INFP: Introvertido + Intuitivo + Emotivo + Perceptivo
- **Racional** (voltado ao mundo interno, pensamento utilitário)
  - o Marechal => ENTJ: Extrovertido + Intuitivo + Racional + Julgador.
  - o Mentor => INTJ: Introvertido + Intuitivo + Racional + Julgador
  - o Inventor => ENTP: Extrovertido + Intuitivo + Racional + Perceptivo.
  - o Arquiteto => INTP: Introvertido + Intuitivo + Racional + Perceptivo

Adizes

Ichak Kalderon Adizes, professor e consultor de gestão nascido na antiga Iugoslávia (hoje Macedônia), e fundador do Instituto Adizes (baseado em Santa Bárbara, Califórnia); desenvolveu, em 1971, um sistema de 4 perfis psicológicos baseado, também, no trabalho de Jung; mas assemelhando-se, de certo modo, ao trabalho de Hipócrates:

- **Produtor**: abordagem estruturada, rápido, focado em resultados, perspectiva local.
- **Administrador**: abordagem estruturada, lento, focado em processos, perspectiva local.
- **Empreendedor**: abordagem menos estruturada, rápido, focado em resultados, perspectiva global.

- **Integrador**: abordagem menos estruturada, lento, focado em processos, perspectiva global.

DISC

O Modelo DISC foi proposto pela primeira vez por William Moulton Marston (também baseado no trabalho de Jung), um psicólogo fisiológico com Ph.D. de Harvard, em seu livro de 1928, *Emotions of Normal People* (Emoções de Pessoas Normais - em tradução livre). Walter V. Clarke, um psicólogo industrial, foi a primeira pessoa a construir um instrumento de avaliação (teste de perfil de personalidade) usando as teorias de Marston. Em 1956 ele publicou *Activity Vector Analysis* (Análise do Vetor de Atividade - em tradução livre), uma lista de adjetivos na qual as pessoas tinham que marcar aquilo com que se identificassem como verdadeiro. A ferramenta, que utilizava quatro perfis (agressivo, sociável, estável e esquivoso), foi usada por Clarke desde 1948 na seleção de pessoal nas empresas. Cerca de 10 anos depois, a *Walter Clarke Associates* desenvolveu uma nova versão deste instrumento, pois, em vez de usar uma lista de verificação, esse teste fazia com que a pessoa escolhesse entre dois ou mais termos. Em 1970, essa metodologia foi usada por John Geier para criar o *Personal Profile System* (PPS). Depois, o *Inscape Publishing* desenvolveu ainda mais esta ferramenta, e a nova avaliação recebeu o nome de *Personal Profile System 2800 Series* (PPS 2800) e foi publicada pela primeira vez em 1994. Outras versões do PPS foram lançadas e esta, de 1994, ficou sendo chamada de Clássica. Hoje, o modelo DISC pertence a empresa John

Wiley & Sons, Inc. O modelo DISC estabelece 4 perfis, 2 dominantes e 2 secundários, assim definidos:

- D - *Dominance* (Dominância - em tradução livre): foco em resultados, confiança.
- I - *Influence* (Influência - em tradução livre): foco em relacionamentos, persuasão.
- S - *Steadiness* (Estabilidade - em tradução livre): foco em cooperação, sinceridade, confiabilidade.
- C - *Conscientiousness* (Conscienciosidade - em tradução livre): foco em qualidade, competência.

Herrmann

William "Ned" Herrmann, um americano formado em física que, baseado na pesquisa cerebral de Roger Sperry, Paul MacLean, Joseph Bogen e Michael Gazzanaga (cujo resultado mostrava que o cérebro tem 4 estruturas distintas), iniciou uma pesquisa utilizando exames de eletroencefalograma e questionários para identificar 4 tipos distintos de pensamento, cada um correspondendo aproximadamente a uma das estruturas cerebrais, e relacionando isso aos temperamentos. O resultado desta pesquisa é o modelo *Herrmann Whole Brain Model* (Modelo Cerebral Inteiro de Herrmann - em tradução livre). A partir do *Whole Brain Model* e com a continuidade das pesquisas, Ned Herrmann, em 1979, apresentou o chamado *Herrmann Brain Dominance Instrument* (Instrumento de Dominância Cerebral de Herrmann- em tradução livre) para avaliação dos perfis psicológicos. O modelo cerebral de Herrmann é composto de 4 quadrantes (A, B, C, D). Os quadrantes A e B pertencem ao lado racional, os quadrantes C e D pertencem ao lado intuitivo. Os quadrantes A e D estão do lado intelectual, e os quadrantes B e C estão do lado instintivo:

- A - *Analytical* (Analítico - em tradução livre): lógico, analítico, factual, quantitativo.
- B - *Practical* (Prático - em tradução livre): organizado, sequencial, planejado, detalhista.
- C - *Relational* (Relacional - em tradução livre): interpessoal, sentimental, cinestésico, emocional.
- D - *Experimental* (Experimental - em tradução livre): holístico, intuitivo, integrador, sintético.

Conclusão

O meu objetivo foi o de proporcionar uma visão geral de algumas das principais teorias sobre o temperamento humano e suas ferramentas. Ainda que eu considere essas ferramentas de identificação de perfis psicológicos um tanto interessantes (e foi por isso que as reuni nesse breve resumo), considero temerário confiar demasiadamente nelas, pois, são passíveis de erro. O pressuposto para qualquer dessas ferramentas é, primeiro, que tenham sido confiáveis na sua estruturação, e, segundo, que o sujeito em análise seja sincero na avaliação, para que seu resultado expresse, tanto quanto possível, a proximidade com um ou outro perfil.

O DILEMA DAS PROMOÇÕES

Imagine que um gestor na sua Organização deve ser substituído, seja porque ele está deixando a empresa em busca de outros desafios, seja porque não estava correspondendo satisfatoriamente às expectativas. De qualquer modo, essa é uma situação do cotidiano das Organizações. Nesse momento, sempre vem à tona a questão: promover internamente, ou selecionar no mercado. E quem é o candidato ideal?

A Lei de Putt

Nesse contexto, vale lembrar do livro *Putt's Law and the Successful Technocrat* (A Lei de Putt e o Tecnocrata de Sucesso - em tradução livre), escrito por Archibald Putt, em que ele estabelece a Lei de Putt (*Putt's Law*): "*A Tecnologia é dominada por dois tipos de pessoas, aqueles que entendem o que não gerenciam e aqueles que gerenciam o que não entendem*". Num contexto mais amplo, podemos pensar que isso pode ocorrer em qualquer área, mesmo porque, você provavelmente já deve ter conhecido algum exemplo disso numa das Organizações onde trabalhou.

A Promoção do Técnico

Outra situação conhecida é daquele bom técnico que, para ser recompensado, a Organização resolve promovê-lo a gestor; e aí, pode-se perder o melhor técnico e ganhar um péssimo gestor. Não porque um técnico não possa ser promovido a gestor, claro que não; mas é indispensável que esse técnico tenha as competências de gestão (pelo menos a maioria delas) suficientemente desenvolvidas para assumir o novo desafio.

O Dilema das Promoções

O Dilema das Promoções é justamente esse: promover um bom técnico para ocupar a vaga de gestor, ou contratar um gestor competente, sem o conhecimento técnico. Então, o que fazer? Ao promover alguém que não é técnico, pode-se cair na Lei de Putt; mas, ao promover um técnico, pode-se perdê-lo para sempre, ganhando um péssimo gestor.

Mas, fique tranquilo, pois a solução é mais simples do que parece. O ideal seria um especialista da área técnica, com boa competência em gestão; porém, posso dizer pela minha experiência, isso é algo raro. Então, o que devemos fazer é focar nas competências de gestão. Você deve se balizar nas 12 principais competências de gestão. Essas competências são: análise crítica, avaliação eficaz da equipe, delegação de poderes, desenvolvimento de competências, estabelecimento de metas, gestão do tempo, liderança, melhoria contínua, organização, planejamento, visão detalhada dos processos que administra, visão geral dos processos da organização (eu já comentei delas em alguns de meus livros e em vários artigos):

- *gestão do tempo*
- *estabelecimento de metas*
- *organização*
- *delegação de poderes*
- *avaliação eficaz da equipe*
- *desenvolvimento de competências*
- *liderança*
- *análise crítica*
- *melhoria contínua*
- *planejamento*
- *visão detalhada dos processos que administra*
- *visão geral dos processos da organização*

Veja que o gestor precisa conhecer em detalhes os processos que administra, mas não precisa ser um especialista técnico. Por quê? Porque se ele tem as competências de análise crítica, visão detalhada dos processos e liderança bem desenvolvidas (além das outras, é claro! mas, nesse caso, principalmente essas), ele saberá aproveitar as melhores alternativas quando houver decisões técnicas a serem tomadas, dando apropriada relevância à voz do time de técnicos.

Portanto, para **resolver o dilema das promoções**, devemos focar nessas 12 competências principais de gestão, não importando se a pessoa é um especialista técnico, um candidato de fora da Organização, ou o que seja. O que mais importa, é que essas competências principais de gestão sejam atendidas, pois o resto se resolverá naturalmente.

COMO MANTER UMA COMUNICAÇÃO EFICAZ?

Manter uma boa comunicação, além de necessário para qualquer profissional, é uma das principais competências da liderança, e significa ter a capacidade de se comunicar de forma clara e objetiva, sem ter que falar muito ou pouco, mas o suficiente.

O Paradoxo de Abilene

O Paradoxo de Abilene é um problema de comunicação, e representa uma situação em que um grupo de pessoas age de uma determinada maneira, a contragosto, por desconhecer o que pensam os outros. Esse paradoxo foi proposto por Jerry B. Harvey, um especialista em gestão e professor da Universidade George Washington, em um artigo de 1974 intitulado *The Abilene Paradox: The*

ADMINISTRAÇÃO GERAL

Management of Agreement (O Paradoxo de Abilene: A Gestão da Concordância - em tradução livre). O paradoxo tem esse nome devido ao nome da cidade do Texas (Abilene), para a qual os membros de uma família viajam.

A história contada por Harvey, de modo resumido, é a seguinte: O sogro sugere pegar o carro e ir jantar em Abilene. O marido pensa: "O que? Abilene, 33 Km distante! Numa estrada empoeirada, com esse calor, e num carro que não tem ar-condicionado!". Pensa, mas não fala nada, para não desagradar. A mulher e a sogra concordam. Ao chegarem da longa e cansativa viagem, em que o jantar foi tão ruim quanto à viagem em si, a sogra, então, confessa: - Eu, na verdade, não queria ter ido, preferia ter ficado aqui, mas vocês pareciam tão entusiasmados..

No que o marido responde: - Vocês, não, pois eu não queria ir, preferia ter ficado aqui fazendo o que eu estava fazendo, mas eu fui para satisfazer a vocês.

No que a mulher retruca: - O que? Vocês é que pareciam querer ir, eu apenas concordei para ser sociável!.

O sogro, autor da ideia, diz: - Eu só sugeri a viagem porque vocês pareciam entediados; eu mesmo, não queria ir...

Como Melhorar a Comunicação da Organização

- Procure por sinais de alerta ocultos: pessoas pedindo demissão, pessoas fazendo viagens desnecessárias, pessoas de licença médica, pessoas frustradas, etc.;

- Detecte se existem subgrupos de colegas que se reúnem informalmente durante o café ou almoço para discutir problemas organizacionais que segundo eles, não são levados em conta pelas chefias, ou outras unidades da Organização. Isso indica que pode haver um problema de comunicação. Mas é claro que isso pode indicar ser mais que somente um problema de comunicação, pode significar falhas importantes de lideranças ou impertinência sistemática de alguns;
- Estabeleça formas de comunicação corporativa bem claras e objetivas (editais, painéis informativos, mural, intranet, newsletter, TV/rádio corporativa, manuais, guias, jornalzinho, boletim, folhetos, etc.), fáceis de serem entendidas, e que atinjam a todos da Organização. Uma pesquisa com 2000 funcionários de empresas no Reino Unido e nos EUA, feita pelo Geckoboard.com e Censuswide.com, em 2015, mostrou que:
  - o Apenas 10% dos funcionários estão cientes do progresso da empresa em tempo real;
  - o Mais de 80% dos funcionários querem que as chefias compartilhem mais informações sobre o negócio;
  - o 25% dos funcionários já deixaram, ou conhecem alguém que deixou, uma empresa por se sentirem no escuro sobre o desempenho e a direção da organização;
  - o Mais de 75% dos funcionários não confiam em chefes que falham em compartilhar dados da empresa;

- o Mais de 25% dos funcionários acreditam que a falta de informação decorre de chefes jogando jogos de poder;
- o Mais de 50% dos funcionários dizem que o compartilhamento de informações da empresa teve um impacto positivo significativo em sua contribuição para o desempenho geral da empresa;
- o Mais de 90% disseram preferir ouvir más notícias da empresa do que ficar no escuro;
- Crie uma sistemática para recebimento de reclamações e sugestões de forma anônima, que pode ser chamada de "caixa mágica", ou "caixa de sugestões", isso permite que mais pessoas participem dando sugestões, ou mesmo apontando problemas (que muitas vezes são graves, como assédio) que, de outra forma, talvez demorassem muito até que fossem descobertos e tratados;
- Estabeleça, com frequência apropriada e através de método/questionário adequado, uma pesquisa de Clima Organizacional;
- Estabeleça claramente e em todos os níveis da Organização a responsabilidade de cada um, seu âmbito de atuação, e sua autoridade;
- Estabeleça uma plataforma oficial de comunicação formal entre os colaboradores (intranet, e-mail, etc.), pois isso, além de estabelecer os canais de comunicação oficiais e prevenir conflitos, facilita, também, a própria comunicação informal;
- Crie oportunidades (mensalmente, ou com frequência apropriada) para que os funcionários

interajam em atividades em equipe, por exemplo: almoços festivos, dinâmicas de grupo, atividades ao ar livre, etc.

Como Melhorar a Comunicação das Lideranças

- Tenha certeza de ser entendido e, para isso, faça perguntas para se certificar de que a mensagem foi compreendida;
- Ilustre ou dramatize as ideias quando for preciso, isso também é um recurso a ser utilizado para a boa compreensão da comunicação;
- Saiba comunicar baseando-se em fatos e dados, estatísticas, exemplos, e outras experiências.
- Estimule o feedback de mão dupla, em que todos têm espaço para ouvir e falar, sempre com respeito, seja entre líder e liderados, seja entre os liderados;
- Não crie um ambiente de medo em relação ao erro. Todos devem ter espaço para reconhecer o erro sem serem debochados ou desrespeitados, e isso começa com o líder;
- Procure comunicar-se com uma presença física positiva e garantindo que sua linguagem corporal seja aberta e acessível, haja vista que a linguagem corporal (principalmente das lideranças) tem um enorme impacto nas pessoas ao seu redor. Por isso: sorria, mantenha contato visual, evite cruzar os braços, mantenha uma postura ereta, olhe nos olhos quando cumprimentar alguém, e demonstre atenção sempre que alguém falar com você;

ADMINISTRAÇÃO GERAL

- Conheça bem cada um de seus liderados, e busque interpretar sua comunicação não verbal, de modo a detectar possíveis problemas de comunicação;
- Adote uma sistemática de reuniões frequentes com seus liderados, tanto em grupo, quanto a nível individual;
- Demonstre sempre o mesmo respeito por todos da Organização, seja um diretor, seja a pessoa da limpeza, pois isto é fundamental para criar um ambiente de confiança, facilitando a comunicação;

Todos esses pontos, e mais, são importantes para proporcionar uma boa comunicação e evitar ruídos que a deturpe. Tenha sempre em mente que falar bem ou comunicar-se com eficácia, não quer dizer falar muito, nem comunicar a toda hora, significa simplesmente falar o suficiente e comunicar quando necessário!

ADMINISTRAÇÃO GERAL

CULTURA ORGANIZACIONAL

SQDC: ADOTE ESSE MANTRA CORPORATIVO

Segundo o dicionário Michaelis, o mantra representa, no budismo e no hinduísmo, uma fórmula de força transcendente que, entoada repetidamente, tem o intuito de trazer proveitos psíquicos e espirituais. Por extensão, estamos abordando, aqui, o SQDC como um mantra corporativo, ou seja, uma fórmula simples e fácil de lembrar, e que praticada cotidianamente pode trazer proveitos para as pessoas e o negócio. Como? O SQDC procura orientar, através de uma escala de priorização, em relação aos principais critérios de como os processos devem ser operacionalizados. Os 4 critérios principais são (inglês/português): Safety/Segurança, Quality/Qualidade, Delivery/Despacho, e Cost/Custo.

CULTURA ORGANIZACIONAL

Não conheço a origem precisa do termo, mas, a primeira vez em que eu o ouvi foi em 2003. Na verdade, o termo era PQDC (onde hoje lemos "Safety", era "People"), e eu o conheci através de um diretor de Operações da matriz da Organização onde eu trabalhava na época. A Organização era inglesa, mas o diretor era americano. Acredito que, com o tempo, o termo People/Pessoas foi substituído por Safety/Segurança, talvez por uma questão de objetividade (e isto é apenas uma inferência minha), formando a sigla "SQDC" que é, hoje, bem conhecido.

Significado

Safety/Segurança: aqui zelamos pela segurança das pessoas, e, considerando o nível de priorização, nenhum trabalho, seja buscando qualidade, entrega, ou eficiência do custo, pode pôr em risco a integridade física dos trabalhadores. Além disso, Safety/Segurança também deve nos indicar zelar pela segurança patrimonial, e do meio ambiente.

Quality/Qualidade: uma vez que trabalhamos com segurança, devemos buscar a melhor qualidade possível do produto ou serviço. Isto implica em garantir que os requisitos de projeto e fabricação sejam atendidos, mas também que o suporte ao cliente, todos os seus aspectos, proporcione uma experiência satisfatória.

Delivery/Despacho: se garantimos segurança e qualidade, nosso próximo objetivo é garantir a entrega (lembrando que usamos a palavra "despacho" apenas para manter a sigla SQDC em português, a melhor palavra a ser utilizada é, sem dúvida, "entrega"). Não vejo problema, caso queira adotar a sigla SQEC, por conta disso.

Cost/Custo: nesse item cuidamos do aspecto financeiro do negócio, pois a Organização, para se perpetuar, deve ser rentável e lucrativa. Por isso, é importante acompanhar os seus indicadores, como por exemplo: produtividade, giro de estoque, horas extras, eficiência de produção, etc.

Embora nem todas as Organizações o façam, o SQDC deve figurar entre os valores corporativos, tornando claro e visível a todos quais são os critérios considerados importantes (assim como, sempre é bom lembrar, não podem faltar a ética, pois são a base do terreno onde se constrói qualquer obra). Por isso, adote você também, na sua Organização, o mantra SQDC e alcance os benefícios que ele pode trazer!

O EFEITO LÚCIFER NAS ORGANIZAÇÕES: E O PORQUÊ DE VOCÊ ESTAR ATENTO

COPYRIGHT @ FALANDO DE GESTÃO 2 · RODRIGO VARGAS

Lúcifer é o nome dado ao anjo caído do céu por conta de seu orgulho; era bom, e tornou-se mal. Segundo o psicólogo e professor da Universidade de Stanford, Philip Zimbardo, o *Efeito Lúcifer* é a transformação no comportamento humano que leva pessoas boas que adquirem poder a fazer o mal. O prof. Zimbardo define "fazer o mal" como sendo o comportamento intencional de maneira a prejudicar, abusar, humilhar, desumanizar ou destruir outros inocentes, ou usar sua autoridade e poder sistêmico para encorajar ou permitir que outros o façam em seu nome. Conhecemos o ditado que diz: colocar maçãs boas num mesmo cesto com maçãs ruins, tornará todas ruins. Pois bem, o efeito Lúcifer diz que colocar maçãs boas em cestos ruins, tornará essas maçãs ruins.

CULTURA ORGANIZACIONAL

O Experimento da Prisão de Stanford

Um dos seus mais famosos experimentos foi o da Prisão de Stanford, em 1971, que buscava investigar os efeitos psicológicos que o poder exercia nas pessoas. O experimento foi realizado na Universidade de Stanford por um grupo de pesquisa liderado pelo professor Philip Zimbardo, usando estudantes universitários que aceitaram participar por duas semanas (tempo inicialmente previsto) recebendo (em valores da época) 15 dólares por dia, sendo alguns, aleatoriamente, designados para serem "guardas", e outros, "prisioneiros", tendo o próprio Zimbardo como superintendente. Vários "prisioneiros" deixaram o experimento antes do tempo, e todo o experimento foi abandonado depois de seis dias. Por quê? Os estudantes rapidamente adotaram seus papéis designados, com alguns "guardas" aplicando medidas autoritárias e excessivas (indo além do que era permitido pelas regras do experimento), e submetendo alguns "prisioneiros" à tortura psicológica, enquanto muitos presos aceitaram passivamente o abuso psicológico.

Os Achados de Philip Zimbardo

Em seu livro *The Lucifer Effect: Undersatnding How Good People Turn Evi*l (O efeito Lúcifer: Como pessoas boas se tornam más), publicado em 2007, o prof. Zimbardo reúne mais de 30 anos de pesquisa sobre os fatores que levam pessoas boas a fazerem o mal. O prof. Zimbardo explica a plasticidade da natureza humana, postulando que **o que somos é moldado tanto pelos sistemas que**

governam nossas vidas (riqueza e pobreza, geografia e clima, época histórica, domínio cultural, político e religioso), **quanto pelas situações específicas com as quais lidamos diariamente.** Essas forças, por sua vez, interagem com nossa biologia básica e personalidade. No livro, ele introduz o conceito de "mal administrativo", que constitui a base da cumplicidade da cadeia de comando político e hierárquico em perpetrar o mal, dizendo que Organizações públicas e privadas, pelo fato de operam dentro de um enquadramento legal, e não ético, podem infligir sofrimento, e até mesmo morte, às pessoas, seguindo a fria racionalidade para atingir os seus objetivos, seu planejamento, ou sua rentabilidade e lucro. No capítulo final de seu livro, Zimbardo celebra o heroísmo, dizendo que os heróis são aqueles indivíduos que podem, de alguma forma, resistir ao poder da situação, agindo por motivos nobres, ou se comportando de maneira a não prejudicar os outros, ainda que pudessem fazê-lo facilmente.

O Efeito Lúcifer nas Organizações

Eu conheci vários diretores e presidentes de grandes Organizações que tiveram atitudes antiéticas, e até mesmo maldosas. Lembro de um gerente de uma grande empresa que costumava ofender e humilhar seus subordinados; eu mesmo ouvi o desabafo de um colega que, por atrasar em uma reunião diária, foi xingado, ainda que houvesse justificado ter havido um imprevisto que necessitou sua presença. Mas isso não é fato isolado, basta ver o número de casos de assédio nas empresas (uma pesquisa do portal

Vagas.com ouviu quase 5 mil pessoas em todo o país e identificou que 52% dos entrevistados relataram ter sofrido algum tipo de assédio), e que são manifestações claras do efeito Lúcifer. Pela minha experiência, vejo dois fatores principais dominando esse contexto:

- **Discurso Organizacional Vazio**: É o fato de que, infelizmente, o que vemos em grande parte das Organizações é uma distância galáctica entre o discurso dos RHs (Departamentos de Recursos Humanos), e aquilo que é praticado no dia a dia pela alta direção. Enquanto o primeiro fala em criar bem-estar no trabalho e praticar valores como ética e transparência, o segundo exige cumprimento de metas duras e não factíveis a qualquer custo, impondo uma pressão excessiva que abre as portas para o efeito Lúcifer se manifestar.
- **Empoderamento**: O segundo ponto, é a própria aparição do efeito Lúcifer pelo fato do empoderamento da chefia, aliado, é claro, a alguns aspectos pessoais; sendo que, evidentemente, o ambiente descrito no item 1 é um fator acelerador dessa esquizofrênica equação do mal.

E, na medida em que a Organização permite haver gente praticando o mal impunemente, ela caminha para a ineficiência, improdutividade, e a destruição gradativa da boa Cultura da Organização.

CULTURA ORGANIZACIONAL

O Experimento de Milgram

Outro experimento interessante é o chamado Experimento de Milgram, conduzido por Stanley Milgram, que foi um psicólogo americano e professor da Universidade de Yale e que, em 1961, iniciou uma série de experimentos (foram 18 variações) sobre o comportamento humano ante a obediência a uma autoridade. O experimento era composto por três participantes:

- **O supervisor do experimento**: uma pessoa com autoridade sobre o experimento, e que dava as ordens ao "instrutor".
- **O instrutor**: pessoa que aplicava testes de memória ao "aprendiz", mas que, na verdade, **era o foco do experimento**. O instrutor era orientado sobre a teoria que estava (supostamente) em estudo, de que a pessoa teria um desempenho diferenciado no aprendizado com a aplicação de dolorosas punições (no caso do experimento seriam choques elétricos).
- **O aprendiz**: pessoa contratada, cúmplice do experimento, que se fazia passar por alguém que respondia aos testes de memória.

O supervisor do experimento ordenava ao instrutor que fosse aplicando os testes de memória, e que, a cada erro do aprendiz, desse-lhe um choque elétrico (que começava fraco e ia, gradativamente, aumentando até níveis mais altos) como punição. O instrutor era levado a acreditar que, para cada resposta errada, o aprendiz (que ficava em sala separada) realmente estava recebendo choques elétricos reais, embora na realidade não houvesse tais punições, pois havia sido colocado um gravador integrado ao gerador de eletrochoque, que reproduzia sons humanos de dor pré-gravados para cada nível de choque.

Antes de conduzir o experimento, Milgram entrevistou quatorze graduandos de psicologia da University de Yale para prever o comportamento dos "instrutores", e todos os entrevistados acreditavam que apenas uma fração muito pequena de instrutores (uma média de 1,2%) estaria preparada para infligir a tensão máxima. Milgram entrevistou, também, quarenta psiquiatras de uma faculdade de medicina que previram que, no choque de 300 volts, quando a vítima se recusava a responder, apenas 3,73% dos indivíduos continuariam e, eles acreditavam que apenas um pouco mais de 0,1% dos participantes administrariam o maior choque disponível no experimento. Pois bem, no primeiro conjunto de experimentos de Milgram, 65% (26 de 40) dos participantes administraram o mais alto choque (450 volts) disponível.

A conclusão do experimento é de que pessoas comuns tendem a seguir ordens dadas por uma figura de autoridade, até mesmo ao ponto de matar um ser humano inocente. As pessoas tendem a obedecer a ordens de outras pessoas se elas reconhecerem sua autoridade como moralmente correta ou legalmente baseada. A obediência à autoridade está enraizada em todos nós, por conta da maneira como somos educados, já que essa obediência à autoridade é aprendida, inicialmente, na família e na escola e, depois, no próprio local de trabalho.

O Que Fazer para Evitar o Efeito Lúcifer?

Eu poderia citar alguns pontos que podem servir de escudo ao efeito Lúcifer, e, também, podem impedir as consequências da obediência cega (experimento de Milgram), separando estes pontos em duas vertentes (pessoal e organizacional):

1. Como Pessoa

- o **Ter consciência de sua responsabilidade**: fazer algo errado porque alguém o mandou fazer, não o exime da sua responsabilidade. Portanto, é necessário não seguir ordens injustas, antiéticas ou desonestas.
- o **Não ficar passivo**: em situações em que prevaleça a falta de moral ou desonestidade, você não pode ficar passivo e aceitar o mal que se está cometendo contra alguém.

2. Como Organização

- o **Alinhar o discurso com a prática**: as lideranças da Organização exercem papel fundamental para fazer este alinhamento, elas devem praticar a ética e o respeito no dia a dia, para proporcionar um sistema corporativo autêntico, em que todos se sintam confiantes em praticar o bem (ou, pelo menos, não praticar o mal).
- o **Estabelecer um canal de comunicação**: para inibir, ou reprimir se for o caso, as ações

praticadas em discordância com a ética, a moral e os valores corporativos, deve ser estabelecido um canal de comunicação para que denúncias de abuso possam ser seguramente feitas.

○ **Ser coerente a partir do topo:** Se o dono do negócio, o conselho de administração, ou o CEO da Organização não forem pessoas íntegras e decididas a criar e manter um ambiente de trabalho saudável, tudo o que dissemos antes não terá resultado satisfatório. É fundamental haver uma cadeia hierárquica que promova a justiça e premie os princípios morais, para garantir que toda a liderança sucessivamente abaixo esteja imbuída dos mesmos valores.

Praticar o bem não é ser "bonzinho"

Para finalizar, é sempre bom estabelecer a diferença entre fazer o bem e ser "bonzinho" (sim, entre aspas porque tem um significado próprio). Ser "bonzinho" implica em favorecer um ou outro por critérios que não têm a preocupação com o coletivo ou com a justiça dos fatos; ser "bonzinho" implica em não tomar atitudes corretas, às vezes, duras, mas que devem ser tomadas; ser "bonzinho" implica em aceitar o inaceitável. Eu trabalhei com um colega que dizia sempre: *não sou nem "bonzinho", nem "mauzinho", apenas justo.*

CULTURA ORGANIZACIONAL

Portanto, praticar o bem significa ser justo, coerente e moralmente exemplar; mas não impede a chefia de desafiar e desenvolver a sua equipe, estimulando-a a ser mais produtiva e a atingir seus objetivos; muito pelo contrário, isso é a essência da boa gestão!

A TRAGÉDIA DOS (BENS) COMUNS E A TIRANIA DAS PEQUENAS DECISÕES

A Tragédia dos (Bens) Comuns (do inglês: *The Tragedy of the Commons*) é um conceito que foi introduzido pelo ecologista americano Garrett Hardin, em seu artigo *The Tragedy of the Commons*, publicado em 1968, na Revista Science. Ainda que a tradução mais comum que se encontre seja "A Tragédia dos Comuns", essa não me parece a mais adequada, já que no original "*The Tragedy of the Commons*", a palavra "Commons" tem o sentido de "coletivo" ou "público", e o simples emprego da palavra "Comuns" remete a pessoas, e não a bens, como é o caso. Por isso, com todo o respeito aos outros autores, usaremos aqui a tradução "A Tragédia dos Bens Comuns".

CULTURA ORGANIZACIONAL

Em seu artigo, Garrett Hardin exemplifica o conceito da seguinte forma: imagine um pasto aberto a todos. Ao longo dos anos, devido às guerras tribais, doenças, e outras dificuldades, os recursos se mantiveram suficientes para homens e animais. Porém, com a estabilidade social, isso muda. Cada dono de animal, como um ser racional, vai querer obter o maior ganho possível com o pasto. Dessa forma, o pastor, podendo adicionar um animal a mais no pasto, o fará, porque usará somente um pouco a mais do pasto, mas obterá um bom lucro a mais para ele. Ora, enquanto que, individualmente, o recurso é explorado para se obter o máximo ganho, coletivamente, esse recurso tende a se esgotar. Ou seja, a tragédia dos bens comuns ocorre quando o indivíduo age em seu próprio interesse, ignorando o que é melhor para a coletividade.

A Tirania das Pequenas Decisões

Abordando o mesmo cerne filosófico da Tragédia dos Bens Comuns, mas num contexto mercadológico, o economista americano Alfred E. Kahn, em 1966 (dois anos, portanto, antes de Garrett Hardin publicar seu artigo), publicou o artigo *The Tiranny of Small Decisions: Market Failures, Imperfection and the Limits of Economics*. Nesse artigo, ele explica que a Tirania das Pequenas Decisões ocorre em uma situação em que várias decisões, individualmente pequenas e insignificantes, aparentemente racionais, resultam, cumulativamente, numa situação relevante, mas que não é boa, nem desejada.

CULTURA ORGANIZACIONAL

Exemplos do Dia a Dia

Exemplos conhecidos desses conceitos, no dia a dia, incluem a pesca predatória dizimando peixes (dourado, tubarão-branco, peixe-serra, baleia azul são alguns exemplos), a caça predatória extinguindo raças (elefante africano, rinoceronte branco, ariranha, arara-azul, são alguns exemplos), a extração predatória de madeira destruindo as florestas (vide o caso da Amazônia). Também é o caso do lixo jogado nas vias públicas, nos córregos e nas florestas; bem como a poluição ambiental das indústrias e dos automóveis; e o congestionamento das grandes cidades.

Curiosamente, um simples jantar de final de ano com os amigos pode ser outro exemplo. Se o local escolhido não fornece comandas individuais, ou se é combinado dividir a conta total pelo número de pessoas, o pensamento de cada um, provavelmente, será: se eu pedir o prato mais barato, e os outros pedirem os mais caros, eu acabarei pagando pelo mais caro, mas comendo o mais barato; se eu pedir um refrigerante, pagarei pela cerveja ou caipirinha que os outros pedirem; se eu não pedir sobremesa, pagarei por aqueles que comerem sobremesa. Dessa forma, a grande maioria acaba decidindo por pratos mais caros, por bebidas mais caras, e por sobremesa. O resultado será uma conta total bem mais cara do que seria na situação de comandas individuais...

CULTURA ORGANIZACIONAL

E no Contexto das Organizações

Considerando o contexto das Organizações, encontramos, é claro, exemplos bem típicos. O mais característico deve ser, muito provavelmente, o uso dos banheiros. Cada um faz seu uso, gerando pouca (ou a menor possível) desorganização e sujeira, porém, após um dia de uso, o banheiro fica insuportavelmente sujo. Por quê? Porque ninguém limpa, e todos sujam um pouco. Da mesma forma, outras áreas comuns da Organização: um papelzinho de bala jogado no chão por um, uma guimba de cigarro jogada por outro, uma marca de barro no tapete por um desavisado, e assim por diante. Na copa da empresa também não é difícil encontrar exemplos: louça usada e não lavada, colherinha do café que sumiu, açúcar que acabou, mancha de sujeira no balcão, toalha suja, etc. Por quê? De novo, porque ninguém limpa, e todos sujam um pouco. Todos usam, consomem, mas poucos organizam e limpam.

Vemos o mesmo fenômeno ocorrendo no uso de equipamentos comuns, e a impressora é um exemplo clássico: quando você vai usar, o cartucho de tinta está no fim, ou o papel está acabando, ou pior, tem algum papel entalado dentro do compartimento. Não é diferente com o uso do veículo da empresa: combustível no nível baixo, carro sujo (interna e externamente), e problemas mecânicos não resolvidos. Isso tudo ocorre porque um bem comum, o mais das vezes, é interpretado como sendo de todos na hora de usufruir, e de ninguém na hora de conservar.

CULTURA ORGANIZACIONAL

O Que Fazer?

Normalmente, as opções de ações a serem tomadas não são diferentes, trate-se de um bem público ou um bem privado Organizacional, e estão mais fortemente relacionadas a dois aspectos principais: mudança Cultural e regulamentação. A mudança Cultural, no sentido de alterar e moldar novos comportamentos, visa enfatizar a visão do todo e da coletividade, e os benefícios que isto trás. Já examinei os aspectos ligados à mudança Cultural no meu artigo Como Criar uma Cultura que Apoia as Mudanças?, mas, resumindo, ela está baseada em bons líderes (instruindo e orientando) e um forte programa de treinamento (também, instruindo e orientando) voltado a todas as partes interessadas. Já a regulamentação tem um aspecto prático, mas que, ainda que compulsório, ao longo do tempo também pode levar a uma mudança Cultural. A regulamentação deve prover, através de instruções normativas e procedimentos, a melhor forma de agir individualmente, ao mesmo tempo em que se mostre uma preocupação com a coletividade.

DESENVOLVIMENTO PROFISSIONAL

O SÁBIO CONSELHO DE ELBERT HUBBARD

Elbert Hubbard foi um filósofo e escritor norte-americano, nascido em 1856, e falecido aos 58 anos, quando viajava com sua esposa no navio de passageiros britânico RMS Lusitania, que foi afundado por um submarino alemão, durante a segunda guerra mundial. Elbert Hubbard deixou uma coleção de escritos muito interessante. Eu extraí de seu livro *Love, Life & Work* (Amor, Vida & Trabalho - em tradução livre) um trecho do capítulo Atitude Mental, com as partes que considero mais interessantes e inspiradoras. Veja esse trecho, traduzido por mim, a seguir:

"Sempre que você sair de casa, encolha o queixo, firme a cabeça e encha os pulmões ao máximo; cumprimente

seus amigos com um sorriso e coloque a alma em cada aperto de mão. Não tenha medo de ser mal interpretado; e nunca perca um momento pensando em seus inimigos. Procure fixar em sua mente o que você gostaria de fazer, e depois, sem mudar de direção, mova-se direto para o seu objetivo. O medo é a rocha em que nos partimos, e o ódio é o banco de areia no qual muitos barcos encalham. Quando nos tornamos amedrontados, o julgamento é tão duvidoso como a bússola de um navio cujo porão é cheio de minério de ferro; quando nós odiamos, nós desviamos o leme do nosso rumo; e se alguma vez paramos para prestar atenção ao que dizem os fofoqueiros, permitimos que a corda de segurança se solte. Mantenha sua mente focada nas grandes e esplêndidas coisas que você gostaria de fazer; e então, com o passar dos dias, você se sentirá, inconscientemente, senhor das oportunidades necessárias para o cumprimento de seu desejos, assim como o coral tira da maré elementos de que precisa. Tenha em mente a pessoa capaz, séria, e útil que você deseja ser, e tal pensamento, de hora em hora, acabará transformando você nessa pessoa em particular que tanto admira. O pensamento é supremo, e pensar é, muitas vezes, melhor do que fazer. Conserve uma atitude mental correta - atitude de coragem, franqueza e bom humor. Todas as coisas vêm através do desejo e toda oração sincera é atendida. Nós nos tornamos assim, quando nossos corações estão determinados. Muitas pessoas sabem disso, mas não o suficiente para moldarem suas vidas. Nós queremos amigos, e então planejamos e corremos atrás de pessoas fortes, e esperamos por pessoas boas - ou supostamente boas -

DESENVOLVIMENTO PROFISSIONAL

esperando poder nos unir a elas. A única maneira de assegurar amigos é ser um deles. E antes que você esteja apto para a amizade, você deve ser capaz de viver sem ela. Isto é, você deve ter autossuficiência para cuidar de si mesmo e, então, do excedente de sua energia, você pode fazer pelos outros. *O caráter é o resultado de duas coisas, atitude mental e a maneira como gastamos nosso tempo. É o que pensamos e o que fazemos que nos faz o que somos. Nós somos como deuses em forma de crisálidas."*

Você pode ler o texto original, em inglês, no capítulo *"Mental Attitude"*, do livro *Love, Life & Work*. Este livro e outros de Elbert Hubbard, bem como livros de outros autores, podem ser encontrados gratuitamente para leitura na biblioteca do Projeto Gutenberg, que disponibiliza textos em domínio público.

13 SINAIS DE MANIPULAÇÃO NO TRABALHO

Uma das melhores definições (simples e objetiva) de manipulação pode ser encontrada no dicionário Priberam, que diz que a **manipulação é o ato de condicionar ou influenciar, geralmente, em proveito próprio**. Apesar de, em geral, a manipulação ter um caráter pejorativo, pode acontecer dela ser positiva em determinadas situações, por exemplo, quando alguém tenta afastar uma pessoa do vício, ou da criminalidade. Mas aqui nesse texto, nos preocuparemos com o lado negro da manipulação, aquele tipo que pode prejudicar você.

O manipulador, em geral, esconde suas reais intenções, e carrega consigo um potencial danoso considerável e, por isso, deve ser considerada uma pessoa perigosa. Não subestime seu poder de destruição! O manipulador é um tipo sociopata (desequilíbrio patológico no comportamento social), ou psicopata (desequilíbrio patológico no controle das emoções), e atacará você por inveja, narcisismo, ou algum outro motivo sórdido. É um tipo que aparece em quase todas as Organizações de certo porte. A seguir, vamos ver alguns sinais de manipulação que facilitarão com que ela seja identificada a tempo de você se proteger:

#1 - Pergunta muito - Perguntar sobre a outra pessoa é, em princípio, uma boa forma de se comunicar e manter uma conversa. No entanto, quando alguém pergunta muito, em todas as oportunidades, inclusive sendo impertinente ou inadequado, não é normal. Essa pessoa pode estar querendo saber informação sobre você, para depois usá-la contra você, ou ainda, buscando conhecer suas fraquezas. Seja sempre reservado e fale o que lhe interessa, contra-ataque perguntando, e se for o caso, simplesmente abandone a conversa dizendo que você tem um compromisso.

#2 - Do nada, adota uma postura de silêncio - o manipulador pode, repentinamente, sumir, e não responder mensagens, telefonemas, ou e-mails. Ele pretende, com isso, incutir dúvidas e incertezas em você. Veja esse exemplo que aconteceu comigo. Um professor de uma Faculdade havia me convidado para dar uma palestra na sua turma da noite, no mesmo momento em que me convidou para um evento que ele estava organizando, nessa mesma

Faculdade. Eu confirmei a palestra, mas não a participação no evento. Resultado: no dia da palestra mandei uma mensagem para ele, mostrando que eu lembrava do compromisso. Mas ele não respondeu. Aí, fiz uma ligação telefônica no seu celular, que ele também não respondeu. Fiz outra, e nada de retorno. Fiz uma ligação para a Faculdade e deixei um recado para ele me ligar. Nenhum retorno... É claro que eu percebi que ele estava agindo assim por conta de eu não ter ido ao evento (eu já havia percebido sua personalidade manipuladora). O que fiz eu? Fui à Faculdade no horário combinado e lá estava ele (não teve como se esconder). Eu lhe disse que havia tentado vários contatos com ele durante o dia, sem resposta (falei isso porque queria ver que tipo de história ele contaria) e ele disse que estava ocupado e que achou que eu não iria dar a palestra porque não havia ido ao evento (aí ele confirmou minha suspeita!). Eu disse que eram duas coisas diferentes, em dias diferentes, e que um eu havia confirmado, o outro, não. Por fim, realizei a palestra a qual me propus, e nunca mais falei com ele. A distância é sempre uma boa medida contra o manipulador.

#3 - Comporta-se como vítima - ao se comportar como vítima, mártir, tenta condoê-lo, fazendo com que você faça coisas para ele que, em condições normais, você não faria. O manipulador exagerará ou criará situações de problemas pessoais, de saúde, ou de relacionamento, procurando obter sua empatia e forçando um sentimento de culpa ou responsabilidade, levando-o a agir de acordo com a vontade do manipulador que busca obter determinados benefícios próprios.

#4 - Consistentemente, critica ou ridiculariza você - Ao criticá-lo ou ridicularizá-lo, o manipulador quer minar e diminuir sua autoestima, atacar sua reputação, e fazer você se sentir desconcertado, pois, dessa forma, terá mais poder sobre você, ou, simplesmente, porque, agindo assim, obterá algum benefício próprio. Nesse caso, uma tática que pode ser adotada para contra-atacar é dizer claramente que você está percebendo que ele age sistematicamente com agressividade. Mas faça isso "parecendo" que você sabe que ele é um manipulador, seja seguro e tranquilo, pois, do contrário, poderá deixá-lo satisfeito por fazer você perder o controle.

#5 - Não lhe dá tempo para pensar - Essa é uma tática conhecida por ser praticada pelas empresas de telemarketing, mas pode ocorrer também nas Organizações. O que o manipulador quer é que você tome uma decisão sem estar preparado, forçando uma situação de necessidade inexistente, criando uma tensão irreal. Por isso, fique atento a esse sinal e não caia na armadilha, diga o tempo que você precisa para tomar a decisão, ou o que é necessário conhecer antes de tomar tal decisão.

#6 - Mente! - Mentir e dissimular, isso o manipulador sabe fazer muito bem. Ele procura enganar você, criando todo tipo de mentira possível e imaginável. Se não mente, deturpa os acontecimentos e situações, por isso, muito cuidado; se desconfiar de algo, procure confirmar as informações. Se depender do manipulador, ele fará você pensar que sua memória é fraca, ou, até mesmo, que você está ficando louco. Em inglês, o nome desse sinal de manipulação é *gaslighting*.

#7 - Usa argumentos absurdos - Sim, o manipulador usa argumentos absurdos ou comparações sem sentido para convencer você. Você poderá ouvir coisas como: "Mas o gerente anterior fazia isso!", "Nós sempre fizemos assim!", "Pessoas democráticas agem assim!". Não caia nessa, seja firme nas suas convicções.

#8 - Tem rompantes emocionais - O manipulador pode ficar agressivo, ter rompantes emocionais, quando contrariado. A mensagem que ele quer passar é: não me contrarie! faça o que eu quero! Certa vez, quando eu trabalhava numa Organização industrial, adentrou na minha sala o gerente de uma outra área, ele estava furioso, disse que eu "estava desorientado". Eu perguntei o porquê, no que ele respondeu dizendo que o problema era meu supervisor da Qualidade. Imediatamente, fiz com que me acompanhasse até o supervisor, que estava na fábrica, e discutimos sobre o problema. Resumo da ópera, o supervisor estava seguindo os procedimentos da maneira correta (pois era o que eu havia determinado - por isso fui acusado de estar "desorientado"), coisa que estava desgostando esse gerente (acostumado a manipular as pessoas a seu benefício). Portanto, fique atento às reais intenções de seu interlocutor quando este se mostrar contrariado e agressivo, pois pode ser um sinal de manipulação.

#9 - Isola a vítima - Quanto mais longe de tudo e de todos, quanto mais sozinho você estiver, melhor para o manipulador, pois não haverá gente ao redor para alertar sobre suas ações manipuladoras, nem sobre suas estratégias sórdidas. Ao isolar a vítima, afastando-a de seus colegas, o manipulador encontra mais liberdade para agir. Isso não quer dizer que um colega de trabalho seu que pede para conversar em particular seja um manipulador, o motivo pode ser legítimo (fique atento à justificativa), mas, quando isso começa a ter uma frequência maior, e os motivos não o convencem, você pode estar sendo vítima de um manipulador.

#10 - Despeja dados e informações - Uma forma de manipular, bastante elaborada, é quando o manipulador se utiliza de seu suposto conhecimento (de especialista) em determinada área para despejar e sobrecarregar você com informações que (às vezes sim, às vezes não) podem ser verdadeiras, mas que, no contexto, e da forma como são colocadas, têm a intenção de inibir sua reação, constrangê-lo, e forçá-lo a concordar com o que ele quer. Essa manipulação pode aparecer em negociações, com objetivo de fechar um negócio, ou mesmo, em uma simples conversa corporativa, com o objetivo de diminuir você. Fique atento!

#11 - Complica ao máximo - Esse tipo de manipulação ocorre nas situações em que o manipulador detém o poder sobre um determinado processo, e, então, baseado em seu conhecimento e má fé, complica ao máximo a burocracia, que poderia ser mais simples. Isto é diferente daquela pessoa que segue seus procedimentos, é bom diferenciarmos, pois nesse caso, o manipulador está deliberadamente complicando. Um exemplo é o gerente de engenharia que, no desenvolvimento de um novo produto, estabelece um prazo maior do que o necessário, com o único objetivo de prejudicar o gerente da logística na gestão da cadeia de abastecimento.

#12 Pede muito, e depois pouco - Essa tática de manipulação começa com um pedido a você de algo muito difícil de ser feito, e quando você recusa, o manipulador, então, faz um pedido bem mais fácil de ser executado (fácil em relação ao primeiro pedido), mas não é algo, necessariamente, fácil; e é muito possível que esse pedido "fácil" jamais fosse aceito por você, numa situação normal (em que não fosse colocado o pedido mais complexo primeiro).

#13 Pede pouco, e depois muito - Nesse caso, o manipulador lhe pede algo realmente muito simples de ser feito. Mas, ao fazer, você acaba se comprometendo com algo (sem perceber), e aí o manipulador se aproveita de seu "comprometimento" (por já ter colaborado) e lhe pede, mais tarde (depois que você já realizou o primeiro pedido), algo muito mais complexo. Por isso, saiba perceber esses sinais de manipulação!

Mantenha Distância!

Manter distância do manipulador é uma das melhores formas de se proteger dele, pois isso o impede de agir. Mas o manipulador pode ser insistente em se aproximar de você, ignorando a sua vontade de manter distância, aí, então, pode ser o caso de dizer NÃO! Pode ser que você tenha que contrariá-lo, e o manipulador não gosta de ser contrariado. Se ele perceber que você está deliberadamente atento às suas investidas, ciente de que ele está tentando manipulá-lo, é bem possível que ele desista. Há situações, porém, em que você não consegue manter distância, pois, por conta do trabalho, você pode precisar manter contato e pode, inclusive, depender diariamente dele. Aí, é bem mais complicado. É necessário ser muito profissional, manter um histórico dos contatos travados, e ficar muito alerta! Pode ser interessante fazer uma reunião e expor as dificuldades, não como dificuldades (para não expor fraqueza), mas na forma de requisitos ou oportunidades de melhoria. Se não resolver, você poderá, então, procurar a chefia dele, e, por fim, RH.

Chefe Manipulador

Mas, e se a manipulação vier do seu próprio chefe? A autoridade do cargo dá uma enorme vantagem quando a pessoa é manipuladora. Um bom chefe, é claro, pode demandar de você o seu máximo, exigir comprometimento, e cobrar resultados; mas não vai mentir, e não vai querer prejudicá-lo (ao contrário, vai desenvolvê-lo). Portanto, eu, particularmente, não vejo (qualquer bom) futuro em trabalhar com um chefe manipulador e, sendo assim, só posso recomendar mudança (eu procuraria trabalhar em outra área na mesma empresa, ou, em último caso, em outra empresa); ou, no caso desse chefe cometer algum ato pelo qual possa ser denunciado, essa passa a ser outra possibilidade: desmascará-lo. De todo modo, considere procurar ajuda, e conversar com pessoas de confiança, tanto no âmbito profissional, quanto no âmbito familiar. Essa é uma situação delicada e merece toda a ponderação possível.

Enfim, são vários as formas de manipulação das quais podemos ser alvo, e muito variadas as situações em que podem aparecer, mas, na medida em que você conheça seus principais sinais, ficará mais fácil lidar com elas.

DESENVOLVIMENTO PROFISSIONAL

OS 4 ESTÁGIOS DA COMPETÊNCIA

Os 4 estágios da competência é um conceito de aprendizagem que descreve os estágios pelos quais passamos frente a uma nova competência. Esse conceito é atribuído a Noel Burch, colaborador da Gordon Training International na década de 70. Vejamos, a seguir, esses conceitos.

Os 4 Estágios da Competência

Estágio 1 - Inconscientemente incompetente: É quando nós não sabemos o que não sabemos. Somos ineptos e inconscientes disso.

Estágio 2 - Conscientemente incompetente: Nós sabemos o que não sabemos. Ficamos predispostos a aprender quando temos a consciência de quão mal fazemos algo e o quanto precisamos aprender.

Estágio 3 - Conscientemente competente: Conseguimos aprender através do treinamento, experimentando e praticando. Agora temos a competência para fazer da maneira certa, mas precisamos pensar e trabalhar duro para fazê-lo.

Estágio 4 - Inconscientemente competente: Ao continuarmos a praticar e aplicar as novas competências, a partir do estágio 3, poderemos chegar ao estágio 4, em que elas se tornarão muito mais fáceis e até naturais.

Os 4 Níveis do Ensino

Em 1969, Martin M. Broadwell publicou no "The Gospel Guardian" um texto intitulado *Teaching for Learning*, em que apresenta o conceito dos 4 níveis do ensino (anterior e algo similar aos 4 estágios da competência): o primeiro é quando o professor não sabe que é incompetente, o segundo é quando ele sabe que é incompetente, o terceiro é quando ele sabe que é competente, e o quarto, finalmente, ele não sabe que é competente. Veja, a seguir, a tradução livre de parte do artigo de Martin Broadwell falando sobre esses conceitos: *"Na parte inferior está o "**inconsciente incompetente**". Essa pobre criatura é um professor muito fraco, mas não sabe disso. Ele continua da mesma maneira antiga, talvez lecionando de uma forma monótona, sem saber que está perdendo seu tempo e de seus alunos. Nós não podemos fazer nada para melhorar este sujeito, porque ele não pode ser mudado até que ele alcance o próximo nível, que é o "**consciente incompetente**". Agora temos um sujeito que é ruim, mas*

DESENVOLVIMENTO PROFISSIONAL

*felizmente sabe que ele é ruim. Ele está procurando ajuda, e as chances são muito boas de que ele encontre uma maneira de melhorar seus métodos. Ele está disposto a tentar algo novo; ele está disposto a admitir que talvez ele não esteja transmitindo conhecimento para seus alunos. Podemos trabalhar com ele porque ele quer se tornar melhor. Se pudermos mostrar-lhe novas ferramentas, ele começará a obter resultados e saberá por quê. Isso significa que ele agora pode ser elevado ao terceiro nível, o "**consciente competente**". Essa pessoa é um bom professor e sabe por quê. Ele sabe o que vai funcionar e o que não vai funcionar para ele. Ele experimentou, mudou, mediu, revisou e constantemente buscou mais e melhores ideias. Esse sujeito conhece suas capacidades e limitações. Ele sabe sobre o ensino. Ele provavelmente seria um bom treinador de professores. Há um nível final, no entanto, e é aquele que nos dá um tempo difícil, porque ele é o sujeito que é um bom professor por natureza. De alguma forma, ele sempre faz a coisa certa, diz a coisa certa e obtém os resultados certos. O problema é que ele não sabe por que ele faz o que faz. Ele está na pequena classe de pessoas que chamaremos de "**inconsciente competente**". Ele é bom, mas ele não sabe o que é que o torna bom. A única tarefa de ensino que ele provavelmente falharia seria tentar ensinar aos outros como ensinar. A única coisa ruim em ter esse tipo de pessoa é que isso leva as pessoas a dizerem: 'Bem, bons professores nascem, não são feitos. Ou você é ou não é.'"*

DESENVOLVIMENTO PROFISSIONAL

Uma Questão Vital

Esses conceitos são interessantes mas, a meu ver, a mensagem que deve prevalecer a um gestor é a de que é necessário ter consciência de sua incompetência para estar predisposto a aprender, seja em relação a ele mesmo (gestor), ou em relação a qualquer membro de seu time. Vale a metáfora contida na figura do título deste texto: quem não tem consciência de sua incompetência (estágio 1), é como um vaso sem terra; pois, para poder haver o plantio da semente, deve, no mínimo, haver terra no vaso, ou seja, deve haver consciência da incompetência (estágio 2). Portanto, pense nisso quando programar um treinamento, ou quando pedir o desenvolvimento de uma competência qualquer de alguém da equipe. Tenha certeza de que a pessoa tem, verdadeiramente, consciência de sua incompetência, ou seja, da necessidade de melhorar.

AUTOCONFIANÇA NÃO É ARROGÂNCIA!

COPYRIGHT @ FALANDO DE GESTÃO 2 - RODRIGO VARGAS

"Arrogância é a camuflagem da insegurança" - Tim Fargo - autor e empresário americano.

Você já deve ter trabalhado com aquele sujeito que se acha melhor e mais importante do que os outros, mas que, na verdade, está longe de sê-lo; é apenas mais um daqueles arrogantes corporativos. Isso ocorre pela formação da personalidade, muitas vezes pelo exemplo na família, outras pela falsa ideia de que, ao se posicionar como melhor que os outros, ele o será de verdade. Acontece que, quando queremos ser melhores que nós mesmos, e trabalhamos para isso, o seremos; mas, quando queremos apenas parecer melhores que os outros, fracassaremos. O grande equívoco é confundir autoconfiança com arrogância. Enquanto que, **autoconfiança** significa confiar em si mesmo (o que é positivo), **arrogância** ocorre quando a pessoa pretende parecer ser superior ou melhor que os outros, demonstrando atitudes de desprezo e empáfia (o que é negativo).

Autoconfiança x Arrogância

Mas, além do mundo corporativo, encontramos também, vários exemplos de como a arrogância pode levar ao fracasso. Há um exemplo muito interessante e emblemático, que vem de uma luta da SFL (Super Fight League) entre Amitesh Chaubey e Jason Solomon. Antes da luta, pode-se perceber claramente a atitude humilde e focada, mas autoconfiante, do lutador Chaubey, enquanto que o lutador Solomon parece arrogante e provocativo; há um momento, antes da luta, em que este vai ao corner do primeiro para encará-lo e provocá-lo. Como foi a luta? O Chaubey acertou um cruzado aos 4 segundos de luta, que derrubou o Solomon e, aos 9 segundos, o juiz interrompeu a luta e deu a vitória ao Chaubey.

Ainda no esporte, conheço um outro exemplo interessante sobre autoconfiança e respeito. A campeã do UFC, Cris Cyborg perdeu uma luta, em Los Angeles, no UFC 232, junto com uma invencibilidade de mais de 13 anos (21 lutas). Na entrevista, ao final, além de reconhecer as qualidades da adversária, disse que a derrota seria um incentivo para treinar ainda mais, e continuar lutando. Uma atitude de campeão: autoconfiança, respeito e humildade. Algum tempo depois, pensando em escrever esse artigo e falar sobre autoconfiança e arrogância, me perguntei como ela teria reagido ao longo de suas tantas vitórias, teria sido ela autoconfiante ou arrogante? Assisti, então, às entrevistas que ela deu no UFC 219, UFC 222 e UFC 240 (exatamente duas lutas antes, e uma depois da derrota). O que eu vi? Basicamente, a mesma postura: autoconfiança, sem arrogância, com respeito e humildade.

Humildade

No Evangelho de Lucas, existe uma passagem intitulada A Parábola dos Primeiros Assentos, em que Jesus diz: *"Quando por alguém fores convidado às bodas, não te assentes no primeiro lugar; não aconteça que esteja convidado outro mais digno do que tu; e, vindo o que te convidou a ti e a ele, te diga: Dá o lugar a este; e então, com vergonha, tenhas de tomar o derradeiro lugar. Mas, quando fores convidado, vai, e assenta-te no derradeiro lugar, para que, quando vier o que te convidou, te diga: Amigo, assenta-te mais para cima. Então terás honra diante dos que estiverem contigo à mesa. Porquanto qualquer que a si mesmo se exaltar será humilhado, e aquele que a si mesmo se humilhar será exaltado."*

A palavra humildade advém do latim *humus*, que significa terra, donde vem a palavra *humilis* (donde deriva humilde), que quer dizer "ficar na terra", ou seja, ter os pés no chão. Isto é sensatez, bom senso e maturidade. Humildade, em síntese, significa agir com simplicidade, respeito e consciência, sem arrogância nem presunção. Ora, é preciso ter humildade para ser, verdadeiramente, bem-sucedido. A humildade nos torna maiores do que somos, enquanto que a arrogância nos torna menores.

DESENVOLVIMENTO PROFISSIONAL

Portanto, seja no esporte ou no mundo corporativo, tenha sempre em mente que autoconfiança não é arrogância, e que a humildade o tornará maior.

O EXPERIMENTO MARSHMALLOW E SEUS INTERESSANTES ACHADOS

O Experimento Marshmallow foi um estudo sobre a capacidade de adiar uma recompensa, e foi conduzido pelo professor da Universidade de Stanford, Walter Mischel, e sua equipe, tendo sido publicado em 1972. Neste estudo, era oferecida a uma criança (de 3 a 5 anos) a escolha entre ganhar um *marshmallow* imediatamente (que era colocado em um prato à sua frente), ou dois *marshmallows* depois, caso a criança esperasse o pesquisador retornar após um período de 15 minutos fora da sala, sem comer o *marshmallow* do prato. Apenas como curiosidade, nesse experimento não foram usados, além do marshmallow (nome pelo qual o experimento ficou conhecido), o pretzel.

DESENVOLVIMENTO PROFISSIONAL

Os resultados, ao contrário do que se imaginava, indicaram que não ficar pensando na guloseima (por não a ter à vista ou por pensar em coisas divertidas) aumentava a capacidade de adiá-la, ou seja, as crianças que não ficavam focadas na recompensa prolongavam a capacidade de adiá-la, e, consequentemente, o tempo de recebê-la. O estudo, em resumo, apontou que as crianças poderiam esperar um tempo mais longo quando:

- acreditavam que elas realmente ganhariam sua guloseima favorita, após o tempo de espera, por exemplo, por confiar no experimentador, e por ter as guloseimas à vista (encobertas ou não);

- desviavam sua atenção das guloseimas;

- ocupavam-se com estímulos agradáveis ou não frustrantes (por exemplo, pensar em coisas divertidas ou brincar)

Os Impressionantes Achados Posteriores

Na verdade, o mais impressionante em relação a esse experimento, veio décadas depois. O professor Mischel, e outros pesquisadores, realizaram estudos de acompanhamento do progresso de cada criança em várias áreas, e o que eles encontraram foi muito interessante. Segundo o estudo divulgado em 1988, realizado pelos pesquisadores Yuichi Shoda e Walter Mischel (Univerisdade da Columbia), e Philip Peake (Smith College), as crianças que estavam dispostas a adiar a recompensa aos 4 anos, esperando pelo segundo *marshmallow* sem antes comer o primeiro, tornaram-se adolescentes cujos pais os classificaram como mais social e academicamente competentes, verbalmente fluentes, racionais, atenciosos, planejadores e capazes de lidar bem com a frustração e o estresse. A mesma equipe de pesquisadores publicou, em 1990, um estudo que apontou que havia uma correlação entre o tempo que as crianças esperaram pela recompensa, e a nota do teste SAT (exame padronizado utilizado nos Estudos Unidos), ou seja, maior capacidade de esperar, maior nota no teste. Outro estudo de um grupo de pesquisadores, incluindo o professor Mischel, divulgado em 2012, concluiu que adiar a recompensa por mais tempo aos 4 anos de idade foi associado a um IMC (índice de massa corporal) mais baixo, três décadas depois.

Exemplos do Dia a Dia

Não é difícil perceber isso no dia a dia, por exemplo, se alguém adiar a recompensa de assistir televisão, fazendo antes a sua lição de casa, aprenderá mais e obterá melhores notas. Se você adiar a recompensa de sair antes do final do treino, e ficar mais tempo se exercitando, ficará melhor e mais forte. Se você adiar a recompensa de comer doces e salgadinhos, acabará comendo de forma mais saudável e manterá um peso saudável. Se você adiar a recompensa de ficar mais tempo dormindo, levantando-se com disposição, terá um dia produtivo, e acabará tendo um sono reconfortante logo mais à noite. Enfim, são vários os exemplos de como o autocontrole e a autodisciplina fazem de nós, pessoas melhores!

DESENVOLVIMENTO PROFISSIONAL

Ceticismo

Em 2018, os pesquisadores Tyler Watts (Universidade de Nova York), Greg Duncan e Haonan Quan (Universidade da Califórina) revisitaram o Experimento Marshmallow. Tyler Watts e seus colegas estavam céticos quanto aos achados do professor Mischel e sua equipe. Os resultados originais foram baseados em estudos que incluíram menos de 90 crianças - todas matriculadas em uma pré-escola no campus de Stanford. Ao refazer o experimento, Watts e seus colegas ajustaram o projeto experimental usando uma amostra maior (mais de 900 crianças), e mais representativa da população em geral em termos de etnia, nível educacional dos pais, e renda familiar. Em resumo, o novo estudo encontrou fundamentação limitada à ideia de que a capacidade de adiar uma recompensa leva a melhores resultados futuros. Em vez disso, sugere que a capacidade da criança de esperar pelo segundo *marshmallow* é baseada em grande parte pelo contexto social e econômico dela.

Ainda que haja controvérsia, eu, particularmente, depois de tantos anos trabalhando com gestão, nas mais variadas Organizações, percebo uma forte correlação entre o autocontrole e disciplina (sim! pois é disso que, em última instância, estamos falando) e o atingimento de resultados.

O escritor inglês Edward Bulwer-Lytton (1803-1873) disse uma vez, em tradução livre: "*A paciência não é passiva; ao contrário, é ativa; pois é força concentrada*". Eu fiz uma videoaula inteira falando por que "disciplina" é "liberdade",

DESENVOLVIMENTO PROFISSIONAL

se não assistiu, confere lá que vale a pena! Tem tudo a ver com esse assunto!

Pesquisas à parte, parece-me nítido que aquele que domina a si mesmo de forma mais eficaz, tem o verdadeiro e maior poder que um ser humano pode ter; e isso lhe será útil em todas... todas as áreas; impactando em seu sucesso pessoal e profissional.

LIDERANÇA

EXTROVERTIDO OU INTROVERTIDO: QUEM TEM MELHOR LIDERANÇA?

COPYRIGHT @ FALANDO DE GESTÃO 2 · RODRIGO VARGAS

Susan Cain, uma introvertida insatisfeita com a forma com que, culturalmente, os introvertidos em geral são vistos, publicou em 2012 o livro: *Quiet: The Power of Introverts in a World That Can't Stop Speaking* (O Poder dos Quietos: Como os Tímidos e Introvertidos Podem Mudar um Mundo que Não Para de Falar). Nesse livro ela aborda aspectos até então esquecidos pela grande maioria, como o potencial de contribuição dos introvertidos e sua inteligência. No livro, ela cita alguns exemplos bem conhecidos de pessoas introvertidas com contribuições incontestáveis, veja a seguir:

- Isaac Newton: desenvolveu a Lei da Gravitação Universal, As 3 Leis da Mecânica, e vários outros trabalhos;
- Albert Einstein: desenvolveu a Teoria da Relatividade;
- Frédéric Chopin: criou várias obras de música clássica reconhecidas mundialmente;
- Steven Spielberg: dirigiu filmes como Contatos Imediatos de Terceiro Grau, E.T., Indiana Jones, Jurassic Park, entre outros;
- Larry Page: fundou, com Sergey Brin o gigante da internet: Google;
- J.K. Rowling: escreveu Harry Potter, um dos maiores best-sellers de todos os tempos.

Introversão e Extroversão

Carl Jung define introversão como sendo a característica do indivíduo voltado para si mesmo, cujos referenciais estão dentro de si mesmo, e são pessoas com boa intuição; enquanto que o extrovertido é aquele voltado para o mundo exterior, e com pouca intuição. Os introvertidos recarregam suas baterias ficando sozinhos, e os extrovertidos recarregam suas baterias socializando. Segundo Susan Cain, em seu livro, os psicólogos contemporâneos definem um e outro dessa maneira: *"Extrovertidos tendem a terminar tarefas rapidamente. Eles tomam decisões rápidas (e às vezes drásticas) e sentem-se confortáveis com muitas tarefas ao mesmo tempo e ao correr riscos. Gostam da "excitação da caça" por recompensas como dinheiro e status. Introvertidos muitas vezes trabalham de forma mais lenta e ponderada. Eles gostam de se focar em uma tarefa de cada vez e podem ter um grande poder de concentração. São relativamente imunes às tentações da fama e fortuna."* Parece um consenso para os psicólogos que as pessoas não são sempre introvertidas ou extrovertidas, e que ninguém é totalmente extrovertido ou introvertido, mas, sim, que há uma prevalência de introversão ou extroversão na personalidade da pessoa, assim como acontece com várias outras características de personalidade. Susan Cain comenta em seu livro que, muitas vezes, psicólogos associam introversão com falta de autoconfiança e sociabilidade. Ora, se Oprah Winfrey, uma das mais bem sucedidas apresentadoras de TV dos Estados Unidos se percebe como introvertida; e se Abraham Lincoln e Barack Obama são também considerados introvertidos, é óbvio que associar introversão e falta de autoconfiança é uma grande asneira.

Timidez

É importante frisar que os introvertidos não são, necessariamente, tímidos. Enquanto a introversão é uma característica da personalidade do indivíduo que em nada atrapalha a boa liderança; a timidez, por sua vez, pode ser um problema na medida que impeça ou dificulte as ações de uma liderança. Podemos definir a timidez como sendo um acanhamento excessivo, com o medo presente nas relações interpessoais, é o extremo da introversão; assim como o exibicionismo e a chatice são os extremos da extroversão. No entanto, a boa notícia é que a timidez pode ser trabalhada, sim, com treinamento, de modo a se conseguir o nível desejado de desinibição e desembaraço. Para isso, indico, preferencialmente, cursos de oratória, pois são excelentes ferramentas que, ao mesmo tempo em que provocam desinibição, melhoram muito a comunicação, além, é claro, dos cursos de teatro, que são, também, poderosas ferramentas de desinibição. Ao ser entrevistado por Terry Gross no programa de rádio chamado *Fresh Air*, em 2010, o consagrado ator inglês Michael Caine, vencedor de dois prêmios Oscar da Academia, disse que entrou para o teatro para superar a sua timidez. Mas ele não é o único ator famoso que vivenciou dificuldade em lidar com a exposição, o ator Liev Schreiber, (que atuou em produções como: X-Men, A Profecia, Pânico, etc.) também se considera tímido, com dificuldade em tirar fotos e encontrar pessoas. Pondere o seguinte: se um ator consegue lidar com a timidez a ponto de se tornar reconhecido mundialmente, numa profissão que exige o máximo de desembaraço e desinibição, também um líder tem condições de fazê-lo.

Mas Quem É Melhor Líder?

Anos atrás eu estava dando um treinamento de introdução ao Seis Sigma para o corpo gerencial de um grande fabricante de Santa Catarina. O objetivo do treinamento era apresentar aos gerentes e supervisores da empresa o que é o Seis Sigma, e como ele funciona, pois a empresa o estava introduzindo, naquele período, como ferramenta de melhoria. Depois de algum tempo, um participante fez um questionamento muito interessante, ele disse que tinha uma pessoa na sua equipe que falava pouco, era introvertida, e ele queria saber se ela poderia liderar projetos Seis Sigma. Eu expliquei a todos que um líder precisa se comunicar de modo eficaz, isso não significa falar muito ou falar pouco, mas falar o que é preciso, no momento certo. Em toda a minha carreira no mundo corporativo, conheci inúmeros líderes introvertidos, e outro tanto, extrovertidos, e posso afirmar que não era essa a característica que os tornava bons ou ruins. Alguns introvertidos eram bons líderes, alguns extrovertidos, também.

Portanto, pelo exposto, posso responder à pergunta do título: tanto faz, qualquer um, extrovertido ou introvertido, pode ser um bom líder! Introversão ou extroversão não são características vinculadas à liderança, nem mesmo à gestão, são, simplesmente, características pessoais, características que fazem com que as pessoas reajam aos estímulos de modo diferente. Enquanto o extrovertido precisa de muitos estímulos, o introvertido, ao contrário, sente menos necessidade de estímulos (ou, talvez, podemos dizer que precisa de estímulos mais sutis) para tocar sua vida e seu trabalho. Porém, o que é mais importante é que ambos poderão desempenhar bem a função de liderança, desde que tenham as competências principais da liderança (como já as descrevi no meu livro 52 Bons Hábitos de Gestão, Liderança e Relações Humanas) bem desenvolvidas, que são: motivação da equipe, equilíbrio emocional, visão positiva do futuro, justiça, iniciativa, aprendizagem com os erros, boa comunicação, foco em resultados, tomada de decisões difíceis, e criatividade.

O PODER DA MOTIVAÇÃO!

"Nossa maior fraqueza está em desistir. A maneira mais certa de ter sucesso é sempre tentar apenas mais uma vez." - Thomas Edison

A motivação de equipes é um dos grandes desafios no meio corporativo, sendo uma das competências principais de um líder, pois é a força motriz que alavanca os resultados da Organização. A motivação está intimamente ligada à uma visão positiva das coisas, pois temos sempre duas maneiras de encarar tudo: positivamente ou negativamente. Isto não quer dizer não se preparar para os obstáculos e dificuldades, mas sim, acreditar que o melhor pode acontecer, apesar de se preparar para o pior. É como dizia Theodore Roosevelt: "Mantenha seus olhos nas estrelas, e os seus pés no chão."

LIDERANÇA

Positividade

Um dos pioneiros no tema da positividade foi o pastor americano, Norman Vincent Peale, que publicou vários livros sobre o tema, entre os quais o seu maior sucesso de vendas: *The Power of Positive Thinking* (O Poder do Pensamento Positivo), publicado em 1952, e cuja essência está baseada na construção de hábitos e pensamentos bons. Vários outros autores abordaram o tema no decorrer dos anos. Em 2006 foi lançado nos Estados Unidos, em vídeo, *The Secret* (O Segredo), escrito por Rhonda Byrne e dirigido por Drew Heriot, em que fala, basicamente, do poder da lei da atração: pedir, acreditar, receber/agradecer. Ainda que o filme (que depois virou livro) tenha alcançado incrível sucesso na época, teve também críticos ferrenhos. Eu assisti ao filme e posso dizer que, na minha opinião, é preciso filtrar muita coisa, porém, a essência é, mais uma vez, acreditar mais em si mesmo e pensar positivamente.

Motivação

Um experimento interessante sobre motivação foi feito no episódio *The Power of Positivity* (O Poder da Positividade), do programa *Brain Games* (Truques da Mente), produção da *National Geographic*. O experimento consistiu em testar várias pessoas sem grandes habilidades no basquete, numa sequência de 10 arremessos. Numa segunda etapa, as pessoas fizeram uma nova sequência de 10 arremessos, porém, foram motivadas por uma torcida. Antes da segunda sessão de arremessos, o apresentador chama um grupo de pessoas (na verdade, pessoas que vão, deliberadamente, apoiar e motivar o arremessador) para ver os arremessos e faz o voluntário vendar os olhos para tentar uma cesta. Combinados, apresentador e torcida aplaudem como se a pessoa tivesse acertado (embora não tivesse). O voluntário é convidado a um segundo arremesso, também com os olhos vendados, e mais uma vez a torcida aplaude a suposta cesta; fazendo o voluntário acreditar que realmente tinha acertado.

Essa foi a carga de motivação inicial e aumento da autoconfiança dirigida ao voluntário do arremesso, e logo após, o apresentador pede, então, que a pessoa faça a segunda sequência de 10 arremessos. Os resultados apresentados no programa (não é dito se houve outros participantes sem habilidade também testados, além dos 4 apresentados) foram os seguintes:

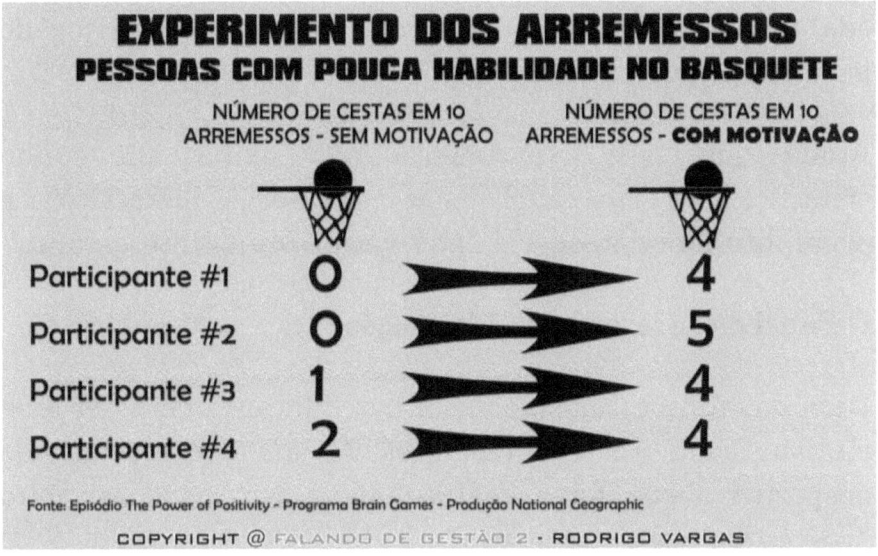

EXPERIMENTO DOS ARREMESSOS
PESSOAS COM POUCA HABILIDADE NO BASQUETE

	NÚMERO DE CESTAS EM 10 ARREMESSOS - SEM MOTIVAÇÃO		NÚMERO DE CESTAS EM 10 ARREMESSOS - **COM MOTIVAÇÃO**
Participante #1	O		4
Participante #2	O		5
Participante #3	1		4
Participante #4	2		4

Fonte: Episódio The Power of Positivity - Programa Brain Games - Produção National Geographic

LIDERANÇA

Também foram testadas pessoas que, ao contrário do primeiro grupo, já tinham boas habilidades no basquete. Só que, desta vez, a "torcida" desacreditava o arremessador, impondo uma carga de negatividade e desmotivação. Assim como foi feito com os voluntários com pouca habilidade, também foi solicitado que os voluntários habilidosos vendassem os olhos e tentassem a cesta, porém, a torcida não apenas não simulou que o participante encestasse a bola, como desacreditou o arremessador.

É, então, apresentado um voluntário que, na primeira sessão de 10 arremessos havia acertado 9, mas que depois da carga de desmotivação, conseguiu acertar somente 5 na segunda sequência de 10 arremessos. Outra voluntária apresentada, cujos números não são mostrados, não teve queda no desempenho, supostamente por ter uma capacidade bem desenvolvida em concentrar-se e manter sua autoconfiança, provavelmente, pelo fato de ter jogado basquete universitário.

Ainda que esse experimento não tenha um cunho científico, é inegável seu caráter ilustrativo e exemplificador do poder da motivação. Muito interessante!

O Papel da Liderança na Motivação

Uma das funções principais da boa liderança deve ser a de motivar cada um dos membros de sua equipe, fazendo despertar a sua força realizadora, e isto pode ser feito através dos seguintes pontos:

LIDERANÇA

- **Criar confiança mútua**: o liderado precisa sentir que o seu líder confia nele, e ao mesmo tempo, e igualmente importante, o liderado precisa sentir confiança no próprio líder. Ou seja, precisa haver uma relação de confiança mútua entre os dois.

- **Apoiar**: o líder precisa apoiar o trabalho de seu liderado, energizando seu ânimo e mostrando que, como líder, acredita na capacidade do liderado; lembre-se do experimento dos arremessos.

- **Reconhecer o bom trabalho**: é fundamental que o líder reconheça sinceramente o empenho, a dedicação e os resultados atingidos pelo liderado.

- **Manter um bom ambiente de trabalho**: todos temos um padrão de ambiente de trabalho que consideramos bom, e presume-se, esteja ligado a colegas de trabalho de bom caráter, patrões honestos, bons gestores, respeito, ambiente fisicamente limpo, organizado e seguro.

- **Recompensar**: é importante que haja recompensa efetiva pelo trabalho realizado e pelos resultados atingidos: um salário justo, na maioria das vezes, já pode ser suficiente! Pode ser, também, um bônus, um dia de folga. Quanto menos realização o profissional encontra no trabalho, mais a recompensa será relevante para motivar.

- **Proporcionar realização**: aquilo que realiza profissionalmente a algumas pessoas, é tortura para outras. A verdade é que todas as pessoas querem ter sucesso, porém, a questão é que o sucesso é relativo, e os ideais de cada um são muito próprios. Mas, o fato é que o poder se realizar profissionalmente é

LIDERANÇA

um fator essencial na motivação, e envolve ter um certo nível de autoridade e responsabilidade, ou novos desafios.

Seja um líder motivador, e veja os resultados aparecerem. Mas não confunda motivar com tolerar incompetência, ou negligência. Motivação pressupõe esforço e dedicação do liderado!

NEM BONZINHO, NEM MAUZINHO!

Ao longo de minha carreira na Indústria, pude conhecer dois tipos patológicos de liderança: o bonzinho e o mauzinho. Nenhum deles, é claro, consegue formar um time eficiente, obter resultados consistentemente positivos, e muito menos criar um ambiente saudável no trabalho.

O Bonzinho

O tipo bonzinho é aquele que somente quer agradar ao seu pessoal, e acredita que um bom líder tem que fazer as vontades dos liderados. Esse tipo não consegue disciplinar seu grupo (o que é necessário para desenvolver o grupo), e quer tratá-lo muitas vezes como um familiar mau acostumado e cheio de vontades. Esse tipo é aquele gerente/chefia que, na verdade, não lidera, e, muitas vezes, deixa o grupo solto. Ele quer ser visto como bacana pelo seu pessoal e, para ele, isso é o mais importante.

O Mauzinho

O tipo mauzinho, ao contrário do bonzinho, acredita que tem que parecer mau para manter a liderança do grupo; mas é tão inseguro quanto o tipo bonzinho. O mauzinho, em vários casos, tem desvio de caráter, e se diverte ao utilizar o seu poder para assediar, perseguir e aborrecer seus liderados. Alguns são, na verdade, psicopatas.

Nem Bonzinho, Nem Mauzinho!

O bom líder não é nem bonzinho, nem mauzinho, mas sim, equilibrado. Ele orienta, disciplina, desenvolve, e faz o que é certo fazer. Como dizia um colega meu de trabalho: nem bonzinho, nem mauzinho, mas justo!

5 REGRAS DE LIDERANÇA PARA O DIA A DIA DO GESTOR!

Eu trabalhei na indústria por quase 20 anos, sendo que mais de 13 foram em cargos de gestão, com grande responsabilidade sobre processos fundamentais do negócio. Nesse período, além de buscar desenvolver as competências de gestão que eu considero as mais importantes (*gestão do tempo, estabelecimento de metas, organização, delegação de poderes, avaliação eficaz da equipe, desenvolvimento de competências, liderança, análise crítica, melhoria contínua, planejamento, visão detalhada dos processos que administra, visão geral dos processos da organização*), procurei adotar 5 regras de ouro para o meu dia a dia, que eu acreditava serem relevantes, e que os anos de trabalho me mostraram ser imprescindíveis:

LIDERANÇA

✔**Faça o seu melhor!** Faça sempre bem-feito, quando lhe pedem, e quando não lhe pedem, quando tem gente vendo e quando não, quando for um trabalho grande e quando não. Sempre busque fazer o melhor, sem se perder no perfeccionismo inatingível, sem perder a noção da realidade.

✔**Não aceite trabalho sem qualidade!** Da mesma forma que você buscar fazer bem-feito, exija de sua equipe, e (sim) de seus colegas, um trabalho de qualidade.

✔**Prepare-se, e não tenha medo de errar!** Eu sempre disse que se você tiver medo de errar, provavelmente isso acontecerá. Quando você vê um jogador de futebol se aproximar da marca do pênalti, quase que dá para prever o resultado se a expressão dele for de medo. Portanto, prepare-se para o trabalho, e aja com coragem!

✔**Dê o exemplo!** Eu considero isso fundamental para uma boa liderança. Isso quer dizer que você deve ser coerente com o seu discurso, por exemplo, quando eu era supervisor de produção de uma empresa fabricante de motores, era exigido o uso de óculos de segurança em várias áreas de montagem no chão de fábrica (isso foi há muitos anos atrás e não era comum aqui no Brasil), por isso, muitos relutavam em usá-lo. Se eu não fosse o primeiro a usar e exigir o uso, a regra não teria sido respeitada. Por isso, dê o exemplo e você ganhará um crédito de confiança imediato.

LIDERANÇA

✔**Seja ético!** Sempre acreditei que a ética é o alicerce de qualquer profissional que se preze e que pretenda ser respeitado e admirado naquilo que faz. Haja o que houver, seja ético!

Siga, no seu dia a dia, essas 5 regras de liderança e você terá construído a base necessária para se tornar um bom profissional. É claro que isso só não basta, você deve também desenvolver as competências de gestão (que mencionei acima), mas, sem dúvida, esse é o melhor começo!

LIDERANÇA

MARKETING

AS FORÇAS IMPULSIONADORAS DA COMPRA

COPYRIGHT @ FALANDO DE GESTÃO 2 · RODRIGO VARGAS

Embora haja inúmeros estudos sobre os fatores que influenciam a decisão do consumidor, é fácil perceber empresas (das pequenas até as grandes) negligenciando pontos básicos. A seguir, vamos discorrer sobre as características das 3 forças ("poder comprar", "precisar comprar", e "querer comprar") que agem sobre o consumidor, como estímulo para a compra, e suas principais características.

Poder Comprar

Provavelmente, a mais forte de todas as forças, no sentido de **evitar** uma compra, pois está relacionada à capacidade financeira do consumidor. Se não houver recursos para a compra, ela não se realizará. É claro que, havendo potência razoável nas outras forças, seja "precisar comprar" ou "querer comprar", o consumidor poderá buscar recursos através de algum tipo de crédito. Porém, de fato, a compra não se realizará se não houver capacidade financeira efetiva, ou seja, sem a força "poder comprar", a compra não se realizará. Sendo assim, o posicionamento de preço de um produto deve levar em conta o poder aquisitivo do público consumidor principal.

Essa força é impeditiva para a compra caso não esteja presente, mas dificilmente funcionará com um estímulo extra no caso de haver excesso de recursos financeiros. Imagine a situação do consumidor que tem dinheiro para comprar 5 televisores e 4 refrigeradores, no entanto, ele só irá comprar um de cada, caso não tenha que "precisar comprar" mais do que isso para suprir as necessidades em sua casa.

Precisar Comprar

Essa força, sem dúvida, motiva a compra, embora não tenha a mesma potência de "querer comprar" (que veremos a seguir). Imagine a situação em que o consumidor tinha um bom chuveiro elétrico e que, ao dar defeito, faz com que ele tenha que "precisar comprar" outro. Na verdade, o consumidor não queria comprar um novo chuveiro, porém, houve a necessidade de comprar.

Portanto, suprir necessidades do público-alvo consumidor, com preço justo (potencializando "poder comprar") e qualidade (potencializando "querer comprar") são determinantes para uma associação positiva de forças.

Querer Comprar

Provavelmente, a mais forte de todas as forças no sentido de provocar a compra. Analise a situação relativa aos *smartphones*, a grande maioria das pessoas têm um bom celular e não precisariam, necessariamente, comprar um novo, mas o compram por conta da força de "querer comprar". Vários têm sido os estudos realizados nas últimas décadas em relação aos fatores de influência numa compra, relativos ao que, aqui, chamamos de força de "querer comprar", e que são vinculados, basicamente, ao fator emocional do consumidor. Veja, a seguir, algumas das principais características relacionadas a essa força:

- **Status/Reconhecimento:** quando o produto atenda ao desejo de status ou reconhecimento do consumidor, este estará muito mais propenso a realizar a compra. O desejo de ser reconhecido é um potencializador da força de "querer comprar".
- **Facilidade na escolha de opções:** todo consumidor gosta de fazer boas escolhas, por isso, quando é difícil escolher, o consumidor pode desistir da compra ou, se comprar, arrepender-se da escolha, posteriormente. Portanto, a facilidade na identificação da opção de compra é um grande motivador da força de "querer comprar".

- **Confiança na marca/no fornecedor:** nesse quesito, entra a percepção de **credibilidade** (confiabilidade e integridade) que o consumidor tem em relação à marca/produto/serviço. Se o consumidor tiver confiança na marca, terá muito mais propensão à realização da compra, portanto, garantir **informações claras** sobre o produto ou serviço, **qualidade boa**, **segurança** e **suporte adequado** é essencial para construir uma relação de confiança e que motive o consumidor a "querer comprar".
- **Tangibilidade:** A aparência física das instalações, equipamentos, pessoas, materiais de comunicação, e do produto em si impactam sobremaneira no consumidor, porém, a aparência ruim tem um impacto negativo muito maior do que o impacto positivo que a aparência boa tem.

Além disso, podemos destacar o trabalho do professor Robert Cialdini, da Universidade Estadual do Arizona, cujos estudos indicam alguns fatores pelos quais uma pessoa pode ser influenciada na decisão de compra:

- **Retribuição:** A cultura das sociedades, normalmente, endossam normas que obrigam pessoas a retribuir de algum modo aquilo que recebem. Quando você recebe um brinde, uma aula grátis, uma degustação, um convite para uma palestra gratuita sobre um tema qualquer, ou outro presente não solicitado, fica propenso a retribuí-lo de alguma forma, talvez, comprando o produto ou fazendo boca a boca.

- **Concessão**: É também uma forma de retribuição. Quando alguém lhe faz uma concessão, fica você, da mesma forma, influenciado a retribuir. Imagine que você está negociando um produto qualquer, o vendedor lhe diz que o prazo de entrega é de 90 dias, mas você precisa do produto em 30. Obviamente você procurará alternativas que lhe cumpram o prazo requerido. Mas aí o vendedor lhe diz que, falou com o gerente comercial e o gerente de produção, e conseguiu especialmente para você, uma entrega em 45 dias. Embora ainda não seja o que você quer, estará bastante influenciado a fechar o negócio ali mesmo, sem sequer verificar alternativas, devido à tendência de retribuir a deferência que lhe foi devida.

- **Coerência**: Imagine que um de seus fornecedores eventuais lhe pede uma simples carta de referência para apresentar a outro cliente. Você o faz, porque não lhe custará nada, e porque nada há que desabone esse fornecedor. Numa próxima cotação que inclua esse fornecedor, e estando ele praticamente empatado com outros pelos seus quesitos (preço, qualidade, prazo, etc.), o fato de que você o referendou no passado, e por uma questão de coerência, poderá influenciar sua decisão, agora, em favor do referido fornecedor.

- **Validação Social**: É comum para o ser humano, decidir baseado no que outros fizeram. A cultura do benchmarking, comparação com outros no mercado, é muito forte, por isso é comum as empresas colocarem a relação de clientes em seus websites e fazerem propaganda do percentual do *market share* (fatia de mercado), pois isso influenciará sua decisão de compra. Se muita gente faz determinada coisa, parece haver uma certa validação de que isso seja bom ou correto, influenciando-nos a fazer o mesmo, ou seguir a mesma ideia.

- **Empatia**: Gostar de alguém, ter alguma afinidade, ter alguma empatia, influencia-nos a dizer, com muito mais frequência, sim, do que não. A tendência de optarmos por produtos ou serviços fornecidos por alguém de quem gostamos, ou temos empatia, é muito maior. Por isso preferimos o restaurante onde temos afinidade com o garçom, mesmo que a comida não seja a melhor, nem o preço, o mais barato.

- **Reputação**: Outro fator que influencia fortemente nossa decisão, é a reputação ou autoridade vinculada à marca ou ao fornecedor. Imagine você estudar a aquisição de um produto fornecido por duas empresas, mas uma delas diz ser fornecedora de uma grande multinacional, reconhecida globalmente. Outra situação poderia ser a de um fornecedor credenciado a fornecer para o programa espacial de um determinado governo; ora, se esse fornecedor está capacitado a fornecer a quem tenha um elevado grau de exigência, é porque deva ter alta competência. Essa reputação vinculada a esse fornecedor, será um fator de influência na tomada de decisão.

- **Escassez**: A possibilidade da falta de um determinado produto, ou a escassez da sua oferta, temporária ou definitiva, torna-o mais atrativo. Por essa razão, você ouve ofertas que dizem "estoque limitado", ou "oferta por tempo determinado".

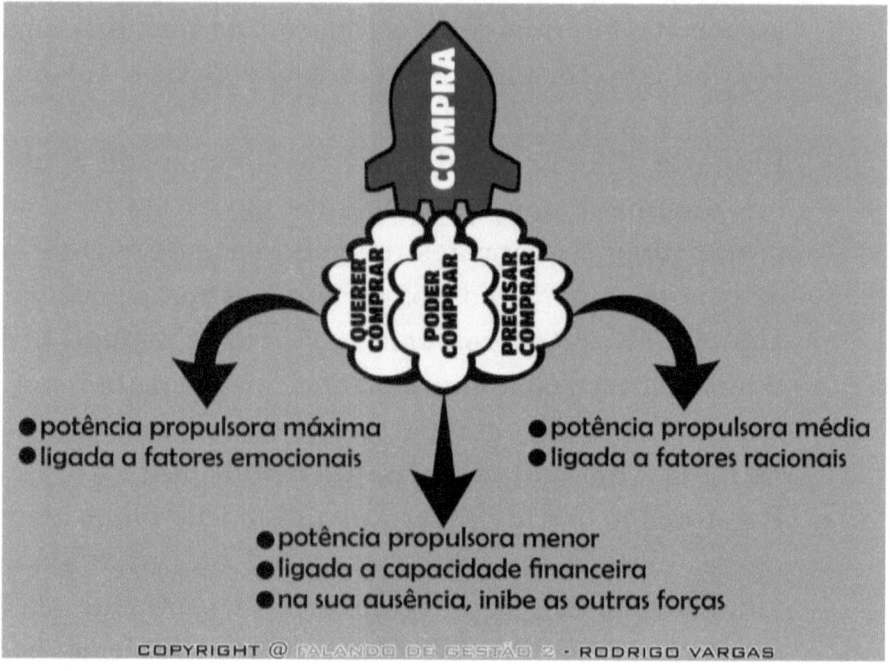

Atente ao fato, como já dissemos, de que a força de "poder comprar" pode ser inibidora das outras, no caso de não haver capacidade financeira do consumidor. Outro fato a destacar é que as forças impulsionadoras da compra ("querer comprar", "poder comprar" e "precisar comprar") atuam sempre em conjunto, mas, o mais das vezes, a potência da força "querer comprar" é a maior e a mais decisiva!

O EFEITO ENQUADRAMENTO

A psicologia cognitiva descobriu, ao longo das últimas décadas, que o cérebro humano depende de vieses cognitivos para processar informações e tomar decisões rápidas. Um viés cognitivo é um padrão de julgamento, é uma regra básica prática (atalho) para tomada de decisões que o nosso cérebro usa em determinadas situações, e que não segue, necessariamente, um padrão lógico e racional.

O Efeito Enquadramento (*Framing Effect* em inglês) é um viés cognitivo em que as pessoas tomam decisões com base no fato das alternativas serem apresentadas em um contexto positivo ou negativo, e um de seus estudos mais conhecidos é o de Kahneman e Tversky.

MARKETING

Experimentos

Daniel Kahneman e Amos Tversky pesquisaram o Efeito Enquadramento (*Framing Effect*), que significa que as pessoas darão respostas diferentes ao mesmo problema, dependendo de como ele é abordado ou enquadrado. Kahneman e Tverksy publicaram, em 1981, sua pesquisa no artigo *The framing of decisions and the psychology of choice* (O enquadramento das decisões e a psicologia das escolhas - em tradução livre). Eles dividiram os participantes em dois grupos, e pediram que escolhessem entre dois tratamentos (A ou B) para 600 pessoas infectadas com uma doença mortal.

No Grupo 1, os participantes foram informados que:
- Com o Tratamento A, "200 pessoas serão salvas".
- Com o Tratamento B, "há uma probabilidade de um terço de salvar todas as 600 vidas e uma probabilidade de dois terços de não salvar ninguém".

A maioria dos participantes optou pelo tratamento A.

No Grupo 2, por outro lado, foi dito aos participantes que:
- Com o tratamento A, "400 pessoas morrerão".
- Com o tratamento B, "há uma probabilidade de um terço de que ninguém morrerá, e uma probabilidade de dois terços de que 600 pessoas vão morrer".

Neste grupo, os resultados foram invertidos, a maioria dos participantes optou pelo tratamento B.

Veja que o que propõe o tratamento A e o tratamento B é exatamente a mesma coisa - tudo o que mudou foi o contexto, a abordagem. Quando foi apresentado um enquadramento positivo na primeira opção, os participantes escolheram a primeira opção (tratamento A); quando foi apresentado um enquadramento negativo na primeira opção, eles optaram pela segunda opção (tratamento B).

A Abordagem Positiva

Abordar, formular, ou contextualizar uma informação de forma positiva é o gatilho para o efeito enquadramento. Dizer que um procedimento médico tem 90% de cura será mais bem percebido do que dizer que ele tem 10% de chances de dar errado. Da mesma forma, será preferível ao consumidor escolher uma camisinha que tem 95% de eficácia, do que uma que tem 5% de risco de falhar.

Na publicidade, o visual e as palavras são manipulados para dar um efeito positivo. O Marketing está repleto de exemplos do efeito enquadramento nas embalagens dos produtos. Um exemplo é informar com destaque que um produto tem 25% menos gordura, tornando irrelevante a informação sobre a quantidade total de gordura (o que realmente importa). Outro exemplo é o dos refrigerantes dietéticos, destacando que tem "zero açúcar", sem dar o mesmo ênfase para a quantidade de adoçantes artificiais que o produto contém. Mais um exemplo, é o do creme dental que diz que 9 em cada 10 dentistas o recomendam, e que venderia bem menos se dissesse que ele não é recomendado por 10% dos dentistas.

Abordar um assunto de forma positiva, ou formular uma questão enfatizando os seus pontos fortes, funciona como um gatilho para o cérebro adotar o viés cognitivo do enquadramento. **Isso quer dizer que oferecer um copo 50% cheio será sempre preferível a uma copo 50% vazio!**

O EFEITO DA MERA EXPOSIÇÃO

Você, provavelmente, já experimentou a sensação de ouvir uma nova música e não se agradar muito com ela no começo, mas, depois de ouvi-la várias vezes, você até começa a curti-la. Ou, então, um novo produto que é comercializado não chama sua atenção no primeiro momento, mas depois de tanto ver propagandas, comentários na internet, e matérias sobre ele, você começa a vê-lo com outros olhos. Por que isso ocorre? Entre outras coisas, pelo chamado "Efeito da Mera Exposição".

O Efeito da Mera Exposição diz que a exposição repetida a um estímulo é suficiente para melhorar a nossa atitude em relação a esse estímulo, ou, em outras palavras, nós tendemos a gostar mais de coisas quando elas nos são familiares, ainda que isso aconteça por um motivo banal.

Experimentos

Gustav Theodor Fechner (1801-1887), físico e filósofo alemão, é conhecido por ser um dos pioneiros no estudo da psicofísica, a ciência preocupada com as relações quantitativas entre as sensações e os estímulos que as produzem, conduzindo os primeiros experimentos conhecidos sobre o Efeito da Mera Exposição.

Robert Zajonc (1923-2008) foi um psicólogo social polonês, naturalizado americano, conhecido por seu vasto trabalho de pesquisa, sendo uma de suas mais importantes pesquisas a que se refere ao Efeito da Mera Exposição. Robert Zajonc, nesse experimento, mostrou aos participantes vários tipos de imagens (palavras estrangeiras, ideogramas chineses, ou rostos de estranhos). Foi solicitado a esses participantes que avaliassem quão agradáveis eram as imagens. Algumas pessoas viram as imagens apenas uma vez, outras as viram mais vezes (até 25 vezes). **Os resultados mostraram que, quanto mais o participante havia sido exposto à imagem, mais ele avaliava ter gostado.**

Ao longo dos anos, outros psicólogos mostraram que isso acontece para uma variedade de estímulos, incluindo pinturas, cores, sabores e figuras geométricas. Isso quer dizer que, em geral, quanto mais as pessoas são expostas a um estímulo, mais tendem a gostar dele!

A MIOPIA DO MARKETING

"Em vez de meramente ganhar dinheiro, o objetivo de uma empresa é criar e manter um cliente." - Ted Levitt

Theodore "Ted" Levitt (1925-2006), foi um economista alemão, naturalizado americano, que lecionou na Harward Business School, além de ter sido editor da Harward Business Review. Ted Levitt, em 1960, escreveu um de seus mais contundentes e conhecidos trabalhos, o artigo *Marketing Myopia* (A Miopia do Marketing - em tradução livre), em que desenvolve o pensamento de que as empresas terão melhores resultados no final se se concentrarem em atender às necessidades dos clientes, ao invés de simplesmente se focarem nos produtos.

Exemplos

São vários os exemplos conhecidos de fracasso Organizacional devido à miopia do marketing. Um dos mais recentes é o caso dos táxis, que reinavam absolutos no transporte público por carro, e que, de repente, viram seu negócio invadido pelos aplicativos de smartphone (como o Uber), que chegaram oferecendo praticidade e preço reduzido. Outro exemplo triste é o do Yahoo, que chegou a valer USD125 bilhões nos anos 2000, mas, vendo crescer a funcionalidade e os serviços associados do Google, fechou acordo de venda, em 2016, para a Verizon por meros USD5 bilhões.

São conhecidos, também, os casos da Nokia e da BlackBerry, que perderam fatias enormes de *market share* para o Iphone e Samsung. E quem não se lembra da gigante Kodak que, com mais de 120 anos de fundação, dominava o mercado de filmes fotográficos e, ao invés de focar no cliente, focou-se no produto. O resultado é conhecido, perdeu a corrida para as máquinas digitais Sony e Casio, e depois para os smartphones, e, em 2012, teve que pedir concordata para poder reorganizar seus negócios.

Como Garantir Crescimento Contínuo?

Levitt estabelece uma pergunta básica a todo empresário: **Em que negócio você realmente está?** No seu artigo de 1960, Levitt dá o exemplo da DuPont, que acompanhou de perto as preocupações de seus clientes, implantando

conhecimento técnico para criar uma variedade cada vez
maior de produtos que lhes satisfaziam, aumentando
continuamente seu mercado. Levitt diz, ainda, que se a
DuPont tivesse encontrado apenas mais usos para sua
principal invenção, o nylon, talvez tivesse deixado de
existir. Levitt propõe que uma empresa ficará em risco de
obsolescência sempre que aceitar os seguintes mitos:

- **Mito 1: Uma população cada vez maior e mais rica
  garantirá nosso crescimento:** Quando os mercados
  estão em expansão, geralmente assumimos que não
  precisamos pensar na inovação de nossos negócios.
  Em vez disso, procuramos superar os rivais
  simplesmente melhorando o que já estamos fazendo.
  A consequência disso é que aumentamos a eficiência
  da fabricação de nossos produtos, em vez de
  aumentar o valor que esses produtos oferecem aos
  clientes;
- **Mito 2: Não há substituto competitivo para o
  principal produto de nossa indústria:** Acreditar
  que nossos produtos não têm concorrentes torna
  nossas empresas vulneráveis a grandes inovações de
  fora de nossa indústria (geralmente por empresas
  menores e mais novas, que se concentram nas
  necessidades dos clientes, e não nos próprios
  produtos);
- **Mito 3: Podemos nos proteger através da produção
  em massa:** Poucos de nós podem resistir à
  perspectiva do aumento de lucros que vem com a
  redução de custos unitários, porém, o foco na
  produção em massa enfatiza as necessidades da

empresa, quando devemos enfatizar a de nossos clientes;

- **Mito 4: A pesquisa e o desenvolvimento técnico garantirão nosso crescimento:** Quando P&D produz produtos inovadores, podemos ficar tentados a organizar nossas empresas em torno da tecnologia, e não em torno do consumidor.

A Miopia do Marketing ocorre sempre que a Organização se concentra mais no produto do que no cliente, portanto, para evitá-la, a Organização deve se concentrar em atender às necessidades dos seus clientes, ao invés de, meramente, vender produtos!

PLANEJAMENTO
ESTRATÉGICO

UM EXERCÍCIO CRIATIVO PARA O CEO FAZER COM O PLANEJAMENTO ESTRATÉGICO NA MÃO!

O planejamento estratégico é um dos documentos mais importantes de uma Organização, ele contém a visão de futuro, os objetivos principais e seus planos de ação. Mas, o mais importante é que ele seja levado a cabo, que seja efetivamente concretizado para que se alcancem os benefícios esperados. E aí, logo após a conclusão dos trabalhos de preparação do planejamento, aparece um bom momento para uma reflexão do CEO, através de um exercício criativo simples, mas profundo: Imagine a equipe de seus principais gestores, e veja-os trabalhando em busca dos objetivos propostos. Libere sua imaginação e procure visualizá-los executando os planos de ação e enfrentando as possíveis dificuldades; extrapole do atual para o futuro, baseado no que você conhece de cada um. Talvez os executivos mais cartesianos tenham dificuldade, no início, em desenvolver esse processo criativo; porém, não desista, pois esse exercício poderá evitar dissabores e decepções futuras. Como parte do exercício, o CEO deverá ser capaz de responder algumas indagações naturais, quando se pensa em cada um dos seus gestores-chave:

- O gestor demonstrou já ter sido capaz de atingir objetivos semelhantes?
- O gestor vai precisar sair de sua zona de conforto? Já fez isso antes?
- O gestor tem afinidade com o planejamento estratégico?
- Como foi a participação do gestor na elaboração do planejamento estratégico? Contribuiu como?
- O gestor já demonstrou ser proativo na gestão de sua equipe, buscando selecionar o melhor time, desenvolver competências e orientar?
- O gestor tem um histórico de bons resultados?

Essas são, portanto, algumas das perguntas essenciais que um CEO eficaz deve saber responder. Sendo assim, uma análise cuidadosa em relação à sua equipe principal, considero eu, um fator tão importante quanto o conteúdo do próprio planejamento estratégico. Se você, como CEO, não estiver certo da competência do gestor diretamente ligado a você, parta, então, para uma etapa seguinte, agendando com ele uma conversa sobre o planejamento estratégico. Dessa forma, você poderá fazer perguntas e ouvir respostas, buscando evidências de que esse gestor realmente tem capacidade para dar conta de sua parte na realização da estratégia Organizacional.

Lembre-se do seguinte: quando você precisa ir a algum lugar realizar uma tarefa e precisa de companhia, não basta saber o caminho, precisa conhecer quem lhe acompanha!

O PLANO ESTRATÉGICO RESUMIDO EM 4 PERGUNTAS

A importância de um planejamento estratégico dentro de uma Organização é indiscutível, pois ele é como uma bússola a guiar os negócios na direção desejada. Sem um bom planejamento, pode-se gastar dinheiro de forma errada, empregar esforços em vão e, ao fim, sucumbir à aspereza do mercado.

As 4 Perguntas

Um bom planejamento estratégico pode ser resumido em 4 perguntas ou, melhor ainda, nas respostas a essas 4 perguntas:

    1. Por que razão estamos no mercado?
    2. Onde estamos agora?
    3. Onde queremos estar?
    4. Como chegaremos lá?

PLANEJAMENTO ESTRATÉGICO

Vejamos, então, o que essas 4 perguntas representam:

1. Por que razão estamos no mercado? - temos que ter muito claro por que existimos como Organização? Não diga que é para obter lucro, pois uma Organização cuja razão de ser é obter lucro está fadada ao insucesso; obter lucro é uma consequência de um trabalho, não é a sua essência. A maioria das empresas responde a essa pergunta estabelecendo a "missão", que é, em síntese, a razão de ser da Organização, ela descreve o negócio da Organização.

2. Onde estamos agora? - para responder a essa pergunta precisamos ter mapeada a situação da empresa no mercado, conhecer as fatias que ela tem em cada nicho, conhecer os seus concorrentes, conhecer os seus clientes, saber como se comporta o público consumidor, saber o que ele pensa de seu produto; enfim, mapear as forças e fraquezas, e as oportunidades e ameaças.

3. Onde queremos estar? - o objetivo maior do plano estratégico é permitir um crescimento planejado e ordenado da Organização, portanto, essa pergunta pode ser respondida com a definição da "visão" da Organização, que deve ser entendida como a descrição de uma situação futura, e deve representar um projeto de longo prazo (5 a 10 anos).

PLANEJAMENTO ESTRATÉGICO

4. Como chegaremos lá? - essa é uma das respostas mais críticas a se obter, pois, se bem elaborada, pode conduzir ao sucesso; se elaborada apenas para preencher documentos e "cumprir tabela", pode levar ao fracasso. Aqui devem aparecer os objetivos-macro e que, obviamente, devem ser desdobrados nos demais níveis da Organização.

O começo de tudo é um planejamento estratégico bem elaborado, portanto faça com que ele seja capaz de responder com distinção a essas 4 perguntas!

PLANEJAMENTO ESTRATÉGICO

PRODUTIVIDADE

A 4ª REVOLUÇÃO INDUSTRIAL

A 4ª Revolução Industrial (popularizada com o termo Indústria 4.0) é o nome que se dá à nova fase de industrialização que estamos vivendo hoje, com robôs industriais, equipamentos conectados à internet, inteligência artificial, big data, informações em nuvem, entre outros avanços da indústria. Mas, para melhor compreender as suas características, vamos mergulhar um pouco na história e acompanhar o ciclo evolutivo desde a primeira revolução industrial, que começou na Inglaterra do século XVIII.

Primeira Revolução Industrial

Quando falamos em datas de alguns eventos históricos, algumas discordâncias podem aparecer, como é o caso das datas de início das revoluções industriais, ou do nascimento das gerações x, y e z. Algumas fontes indicam o início da 1ª Revolução Industrial em 1760, na Inglaterra (Enciclopédia Britânica e Wikipedia), quando o escocês James Watt aperfeiçoa o uso da máquina à vapor que é, sem dúvida, um dos grandes impulsionadores da indústria da época (inicialmente utilizada na mineração). Em 1764, o inglês James Hargreaves cria uma máquina de fiar que era capaz de fazer o trabalho de oito pessoas, e que foi a chamada *spinning jenny*. Outra característica da primeira revolução industrial foi a mecanização da produção, substituindo o trabalho puramente manual, e, nesse caso, um dos usos pioneiros se deve ao inglês Edmund Cartwright que, em 1785 criou o primeiro tear mecanizado. Resumindo: podemos dizer que as máquinas à vapor, as máquinas de fiação otimizadas, e os teares mecanizados foram os grandes impulsionadores da primeira Revolução Industrial.

Segunda Revolução Industrial

Podemos dizer que o início da segunda Revolução Industrial se fez sentir inicialmente nos Estados Unidos, marcado pela primeira linha de montagem em larga escala num abatedouro em Cincinnati, estado de Ohio, em 1870. Henry Ford, que fundou em 1903 o que se tornaria uma das maiores companhias automobilística do mundo, introduziu em 1913 a linha de montagem em que o chassi se deslocava, e não mais os montadores (no embalo dos estudos de Taylor relativos à administração científica do trabalho). Quanto à eletricidade, em 1879, Thomas Edison já havia criado uma lâmpada de bulbo incandescente capaz de iluminar por até 40 horas sem queimar, e lâmpadas incandescentes foram pela primeira vez utilizadas na iluminação pública em Cleveland (Ohio), Paris, e Newcastle (UK). Três anos depois, começou a distribuição comercial de energia elétrica. Resumindo: podemos dizer que a produção em massa através da configuração de uma linha de montagem, a divisão do trabalho em etapas, e a utilização da energia elétrica na indústria foram os grandes impulsionadores da segunda Revolução Industrial.

Terceira Revolução Industrial

A terceira Revolução Industrial, também chamada de Revolução Digital, foi caracterizada pelo uso da eletrônica e pela automação industrial. Podemos caracterizar seu início em 1969, com o uso do primeiro controlador lógico programável (CLP) na indústria da GM, construído pela Bedford Associates, que depois seria Modicon. Depois disso, os circuitos lógicos digitais se proliferaram, automatizando sobremaneira a produção industrial. A eletrônica, através dos transístores, e depois, circuitos integrados, abriu um novo leque de possibilidades para a indústria, não apenas na automação de processos, mas também na criação de novos produtos. Mais tarde, a partir da década de 70, o surgimento de computadores de uso comercial permitiu o uso de programação e uma gama infindável de oportunidades na indústria começou a ser delineada. A partir de 1989, com a criação da internet, a comunicação definitivamente transformou-se, passou a ser instantânea, os e-mails encurtaram distâncias, e a telefonia mudou com o advento dos celulares e *smartphones*. A terceira Revolução Industrial deu início a uma grande migração de produtos analógicos para digitais: máquinas de escrever foram substituídas pelos computadores (que se tornaram verdadeiras estações de trabalho), máquinas fotográficas de filme foram substituídas por máquinas fotográficas digitais, fitas cassete e VHS foram substituídas por CDs e DVDs e depois por arquivos digitais. Resumindo: a automação, a internet, a programação e a digitalização foram as grandes características impulsionadores da terceira Revolução Industrial.

A 4ª Revolução Industrial

A quarta Revolução Industrial está acontecendo nos dias de hoje, bem diante de nossos olhos. Curiosamente, enquanto as duas primeiras revoluções industriais se caracterizaram pelo surgimento de novas formas de energia (vapor e eletricidade, respectivamente), a terceira revolução se caracterizou pela digitalização, pela transformação do analógico em digital; e agora, na quarta, pelo incremento da inteligência no ambiente digital. No afã da criação de novos termos, surgiu também a Qualidade 4.0, que nada mais é do que a Qualidade inserida no contexto da Indústria 4.0, com suas novas tecnologias.

A Indústria 4.0 tem como objetivo conectar todos os meios de produção para possibilitar sua comunicação e interação em tempo real utilizando, principalmente, tecnologias como **IoT** (internet das coisas - rede de objetos físicos incorporados por eletrônica que permite que esses objetos coletem dados e troquem informações entre si) e *cloud computing* (rede de servidores remotos armazenando, gerenciando e processando dados). As aplicações na indústria podem ser vistas em todas as áreas, mas, sem dúvida, as áreas de manutenção (prevenção de quebra), logística (planejamento de estoques), produção (coordenação dos processos e aumento da eficiência) e marketing (análise em tempo real e tomada de decisões) têm enormes ganhos. Outro aspecto inovador está relacionado com a **impressão 3D** que já permitiu aos astronautas da estação espacial imprimir peças de reposição, reduzindo a necessidade de estoques de contingência, algo impensável algumas décadas atrás. A impressão 3D poderá reprojetar a forma como compramos ou fornecemos produtos, e poderá se estender aos mais variados segmentos.

A **inteligência artificial** (I.A. ou A.I. - sigla em inglês) está proporcionando que máquinas executem tarefas que, antes, só eram possíveis serem realizadas pelo ser humano, e uma das mais impressionantes características está no fato de que estas máquinas têm a capacidade de aprender por si mesmas, em um determinado grau e dentro do escopo para o qual foram projetadas. Entre suas vantagens, podemos destacar a redução de erros, confiabilidade e aumento da qualidade, pois as máquinas não cansam e não perdem a atenção como o ser humano, e podem substituí-lo com méritos em inúmeras atividades. Aos críticos da nova tecnologia, pelo fato dela ser um potencial eliminador de empregos, devemos lembrar que os robôs poderão substituir o ser humano nas tarefas mais banais, repetitivas ou perigosas, porém, haverá necessidade do ser humano projetando, construindo e mantendo esses robôs; de todo modo, o real impacto só o tempo dirá. Assim como a tecnologia elimina alguns empregos, ela também cria alguns, inclusive novas profissões, como: *webmaster*, analista de mídia social, analista de marketing digital, analista de *big data*, desenvolvedor de games, engenheiro de *software*, cientista da computação, especialista em SEO, especialista em robótica, programador de I.A., produtor de conteúdo digital, piloto de drones, impressor 3D, engenheiro de nano robótica, etc...

A revolução tecnológica está trazendo também a **nanotecnologia** (tecnologia que estuda e manipula matéria numa escala atômica ou molecular), **computação quântica** (capaz de executar cálculos incrivelmente mais velozes que

PRODUTIVIDADE

os computadores atuais, utilizando-se de princípios da física quântica como a sobreposição e interferência), **computação de DNA** (utiliza a biologia molecular do DNA ao invés do silício), **veículos autônomos** (capazes de deslocamento sem a atuação direta de um condutor), **dispositivos vestíveis** (capazes de executarem várias funções inteligentes, incorporados ao ser humano) entre outras inovações e, com o passar do tempo, muitas aplicações práticas tomarão forma no dia a dia das pessoas, não apenas na indústria.

META IMPLÍCITA: QUANDO USAR?

"A menos que haja comprometimento, há apenas promessas e esperanças ... mas não há planos." - Peter Drucker

Meta implícita é um recurso de gestão utilizado para buscar engajamento das pessoas a um objetivo específico, embora sem atribuir uma meta numérica específica. Veja que, ainda que não haja uma meta numérica específica, o objetivo deve ser claramente estabelecido, e a forma de consegui-lo também. Assim todos os envolvidos saberão como adotar uma postura de comprometimento com o objetivo proposto. Dessa forma, a meta implícita é um recurso de gestão que pode ser utilizado quando se quer obter comprometimento das pessoas e mudança de comportamento, porém, não se pode, ou não se quer estabelecer uma meta numérica específica; ou porque não

PRODUTIVIDADE

há informações suficientes, ou porque não seja ainda apropriado naquele momento.

Um Exemplo Interessante

Em uma academia de musculação que queria reduzir o consumo de copos plásticos foi utilizada a meta implícita com sucesso. Iniciou-se em Novembro, com um aviso informando o consumo de copos plásticos de Outubro (2.254), solicitando consumo consciente (colaborando com o meio ambiente) e convidando os alunos a trazerem suas próprias garrafas plásticas. Veja que, embora não tenha sido dada qualquer meta, o próprio número apresentado acaba servindo como um parâmetro inicial, uma referência do que parece não ser um bom resultado. Já no mês seguinte, em Novembro, o consumo caiu 14%. Em Dezembro, caiu novamente mais 14%, e, em Janeiro, caiu mais 25%. Apesar de terem sido meses de muito calor e, portanto, maior consumo de água, houve redução no consumo de copos. A redução acumulada nos três meses em questão foi de 44,5%, mostrando que a iniciativa e forma de aplicação da meta implícita foi muito interessante.

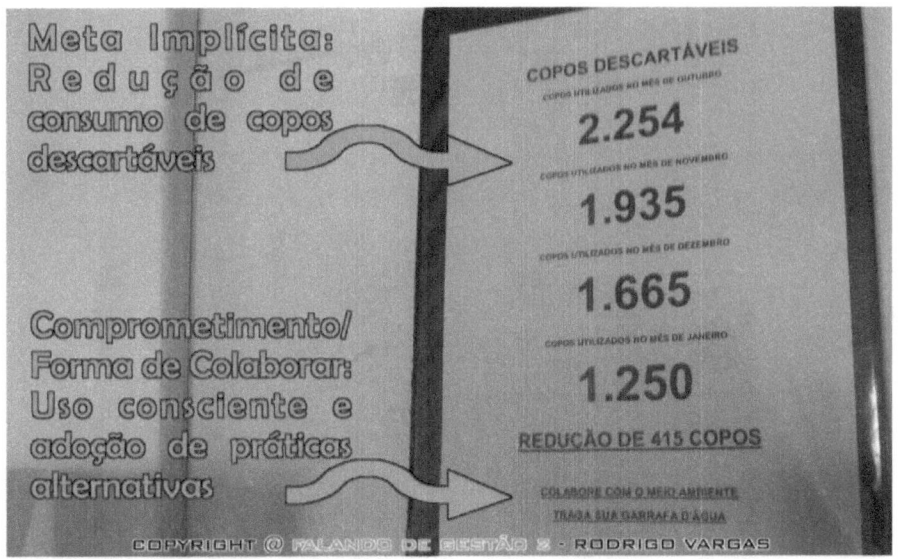

Vantagens e Desvantagens da Meta Implícita

Algumas das vantagens em se adotar a meta implícita são proporcionar uma conscientização orgânica, não atrelada a nenhuma meta oficial; testar a capacidade de comprometimento do pessoal em relação à questão proposta; criar um ambiente favorável à causa, através de uma meta implícita e, consequentemente, uma cobrança implícita de resultados. Por outro lado, posso destacar uma desvantagem, que é o fato de não poder atrelar os resultados a uma avaliação formal, justamente por não haver metas específicas. *"Ah, mas se eu solicitar uma redução de 10% em cima do número inicial?"* Ora, aí já não é meta implícita, pois está sendo especificada claramente a meta. Como já disse no início, o foco da meta implícita é buscar engajamento orgânico (natural) das pessoas a um objetivo específico, ainda que não se esteja atribuindo uma meta numérica específica.

O USO DO SMARTPHONE NAS ORGANIZAÇÕES

Há pouco tempo tomei conhecimento de uma pesquisa sobre o uso do smartphone, feita pelo Ibope Conecta (no período de 21 a 26 de junho de 2018, com 2.000 internautas das classes A, B, C e D de todas as regiões do Brasil). Nessa pesquisa, foi feita a pergunta: por quanto tempo você consegue ficar sem usar seu *smartphone*? 15% responderam que não ficam sem o *smartphone* em momento algum, 8% disseram que ficam no máximo 1 hora sem o *smartphone*, 11% responderam que conseguem ficar até 2 ou 3 horas sem o *smartphone*, o mesmo percentual de quem fica até 6 horas sem mexer no celular, 7% disseram que ficam até 12 horas, 18% até um dia, e 30% responderam que conseguem ficar mais de um dia sem o *smartphone*. Ao responderem à pergunta: O celular afeta negativamente sua vida? Apenas 31% afirmaram que não. E os que se sentem afetados negativamente, apontaram a hora de dormir (27%), o relacionamento com as pessoas (23%), a distração nas tarefas diárias (23%), o âmbito profissional (16%), o âmbito familiar (16%), a direção (12%), a saúde (9%), a escola (8%), e a vida sexual (6%) como sendo os principais fatores prejudicados.

A Pesquisa do GestaoIndustrial.com

Ao ver a pesquisa que o Ibope Conecta fez com os internautas, e perceber que 23% disseram não conseguir ficar mais de uma hora sem mexer no celular, eu fiquei curioso em saber o quanto os profissionais conseguem ficar sem mexer no *smartphone* no ambiente de trabalho, e o quanto isso pode afetar sua produtividade. Por isso lancei uma pesquisa no GestaoIndustrial.com e, no período de 14/03/2019 até 16/05/2019, 435 profissionais responderam a 10 perguntas. Para limitar a 1 resposta por participante, foi requerido fazer *login* no Google. Há cerca de um ano atrás, eu publiquei no GestaoIndustrial.com uma pesquisa sobre "Política de Uso" dos *smartphones* nas Organizações; agora, complemento publicando a pesquisa sobre "Uso" dos *smartphones* nas Organizações. Veja, a seguir, os resultados.

I) Qual é a sua faixa etária?

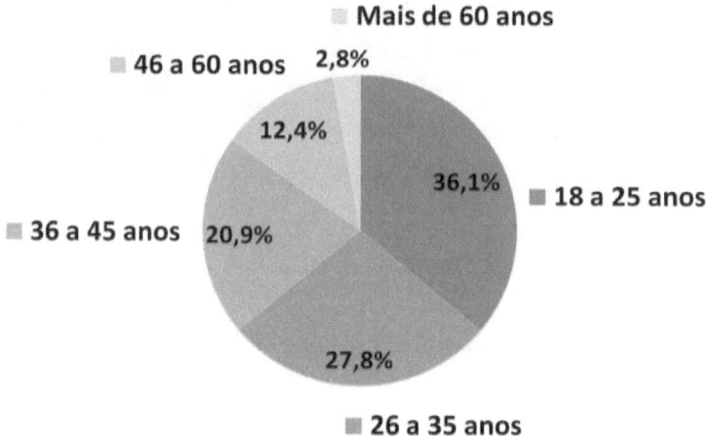

A grande maioria dos respondentes é de jovens até 35 anos (63,9%)

2) Sexo:

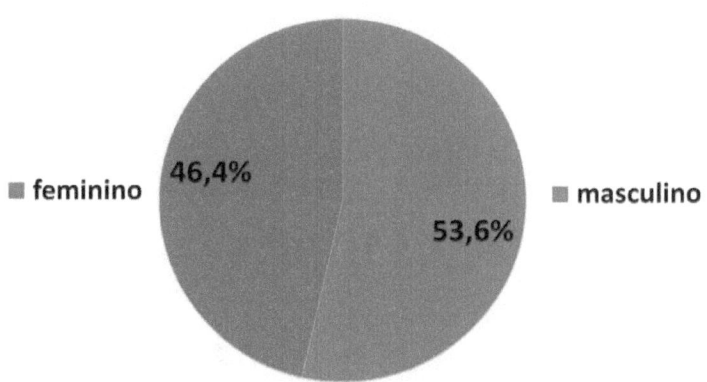

Houve boa participação feminina, chegando quase à metade dos respondentes (46,4%).

3) Qual a sua função?

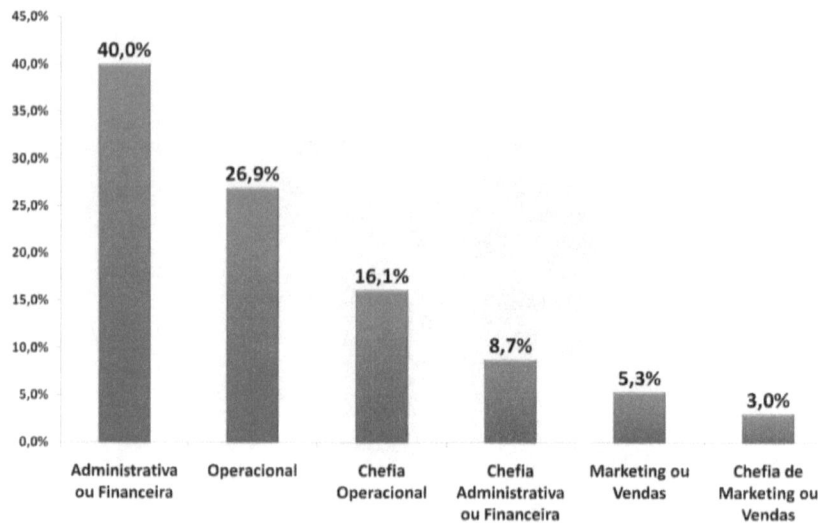

A grande maioria dos respondentes vem das áreas Administrativa ou Financeira (40,0%), seguida pela área Operacional (26,9%).

4) Você utiliza, no seu trabalho, um celular particular ou corporativo?

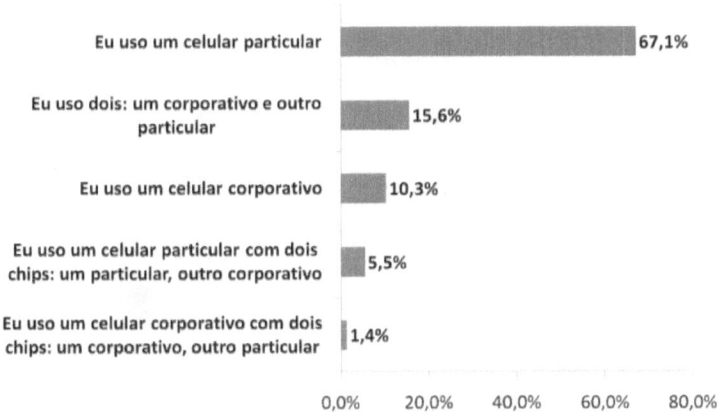

A grande maioria utiliza apenas o seu próprio *smartphone* (67,1%).

5) Quanto tempo você fica sem mexer no seu celular, enquanto está no trabalho?

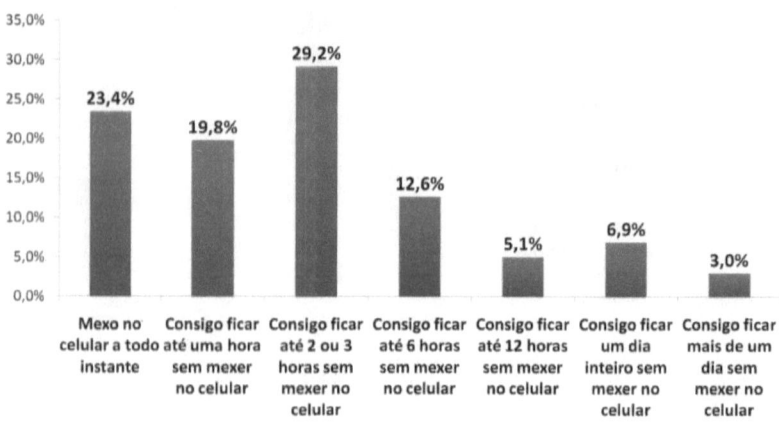

Com a atual dependência do *smartphone*, devido à sua multiplicidade de ações, e a facilidade de comunicação, aliada ao vício nas Redes Sociais, não chega a surpreender que 43,2% dos profissionais dizem não conseguir ficar por mais de uma hora sem mexer no celular. No entanto, esse número pode significar um alerta importante, pois, sabemos que o excesso de interrupções provoca perda de produtividade no trabalho. É claro que o *smartphone* é uma ferramenta de produtividade (comunicação, aplicativos de controle e produtividade, etc...), porém, se mal utilizado, pode, sim, transformar-se num significativo fator de improdutividade.

6) Quais os aplicativos de Redes Sociais que você utiliza no seu celular? (marque mais de uma alternativa, conforme o caso)

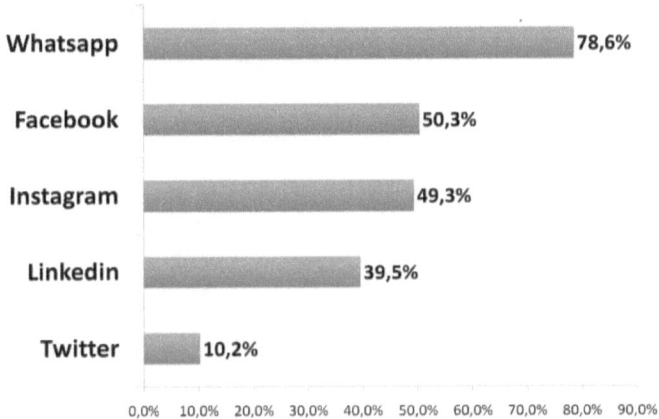

O maior uso é, disparado, do WhatsApp, seguido pelo Facebook e Instagram (quase empatados com 50%). A opção "Outros..." não trouxe informação relevante.

7) Durante o trabalho, você mantém o toque de notificações do smartphone no...

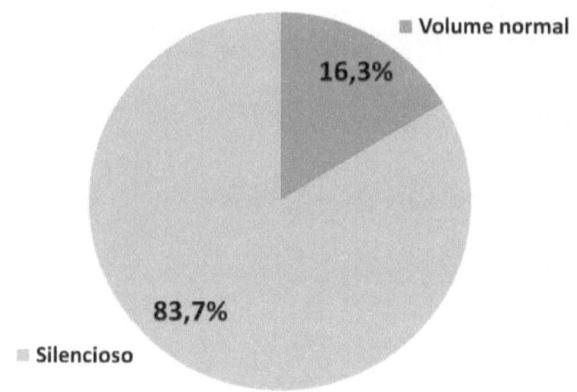

Outro dado interessante é que 16,3% deixam o toque de notificações no volume normal.

8) Ao perceber o toque de uma notificação, você..

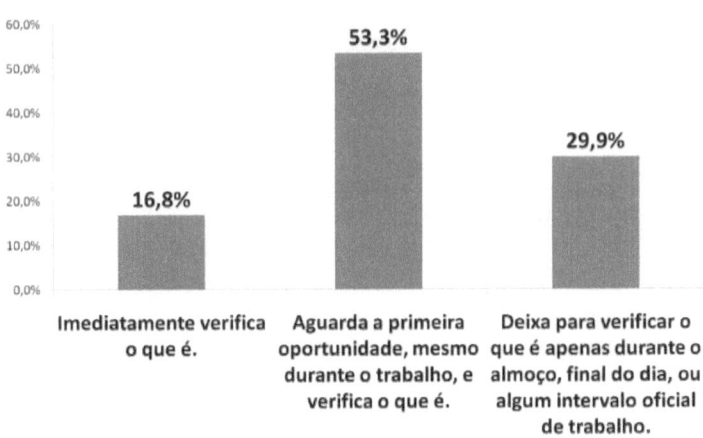

16,8% dizem que verificam imediatamente o que é, ao perceber o toque de notificação, enquanto que 53,3% aguardam a primeira oportunidade, ainda que durante o horário de trabalho. Isso pode representar produtividade na comunicação, ou improdutividade pelo exagerado número de interrupções. É algo que deve ser mais bem monitorado no ambiente de trabalho.

9) Como você usa o celular no horário de trabalho?

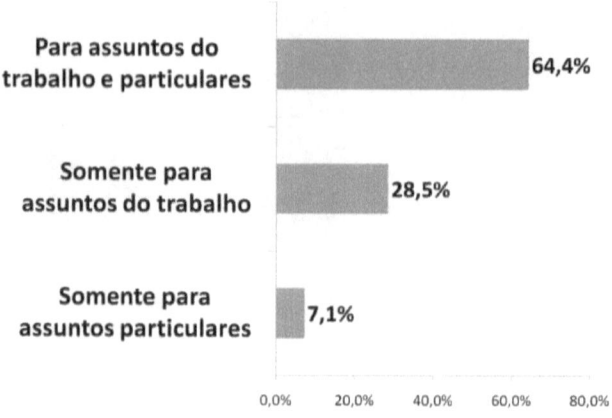

Percebe-se que o *smartphone* está sendo largamente utilizado para assuntos de trabalho e particulares (64,4%).

IO) Você acredita que, da maneira que usa o celular, ele...

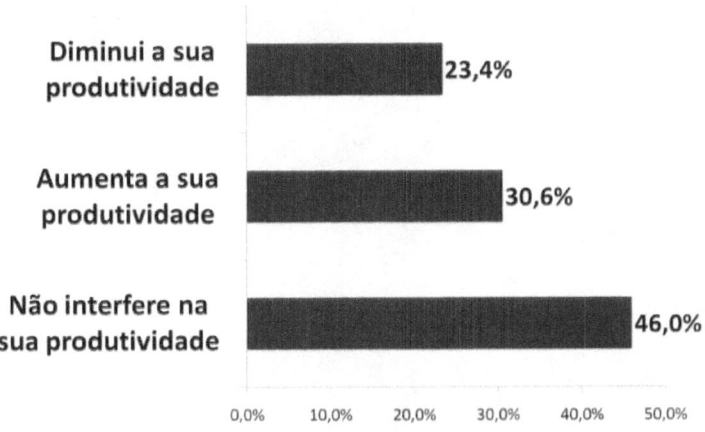

Ainda que utilizado para trabalho e assuntos particulares, pela grande maioria, uma fatia significativa dos respondentes disse reconhecer que o *smartphone* está diminuindo sua produtividade; e uma fatia maior (46,0%) não conseguiu definir se sua produtividade aumentou, ou diminuiu.

Esses números comprovam a presença relevante e respeitável do *smartphone* na vida intraorganizacional e, por isso, suas implicações no aspecto da produtividade do trabalho merecem ser ainda mais bem estudadas. Veja, no capítulo a seguir, os resultados dessa pesquisa explorados através da análise cruzada de dados!

PRODUTIVIDADE

O USO DO SMARTPHONE NAS ORGANIZAÇÕES - ANÁLISE CRUZADA

Se você já viu a análise direta dos dados da pesquisa sobre O Uso do Smartphone nas Organizações, convido-o, agora, a explorar os resultados através da análise cruzada, onde podemos adentrar ainda mais nos meandros dos dados, obtendo informações mais características e distintas. Veja-as, a seguir.

I) Faixa Etária X Percepção da Produtividade com o Uso do Smartphone

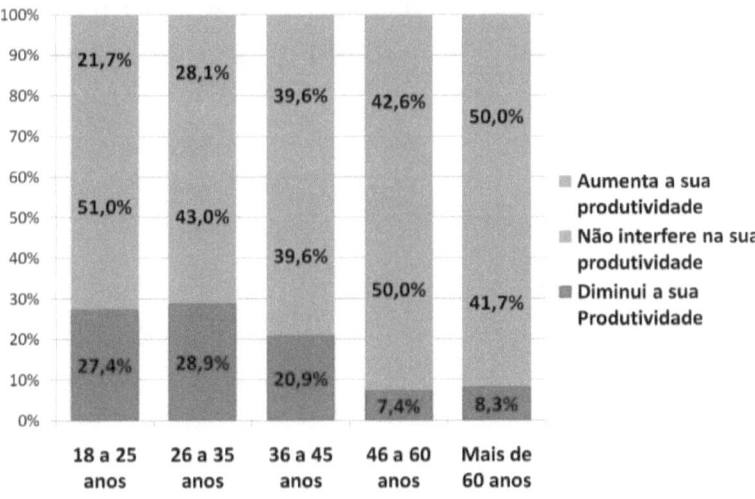

Esse primeiro gráfico nos mostra algo que, provavelmente, não seria imaginado pela grande maioria de nós: quanto maior a faixa etária, maior é a percepção do aumento da produtividade com o uso do *smartphone*. Ou seja, os mais velhos parecem que sabem, ou, pelo menos, pensam que sabem lidar melhor com o *smartphone*, aumentando sua produtividade no dia a dia de trabalho. Por quê? Talvez porque os mais velhos viveram os tempos do radinho de pilha, ouviram música na fita *cassette* e no vinil, maravilharam-se com a chegada do fax, e viram nascer o celular tijolão que mal fazia ligação, e, então, conseguem dosar o uso da nova tecnologia, sem exageros, e focados na produtividade que as ferramentas do *smartphone* proporcionam. Isso, obviamente, é uma inferência que eu faço, no sentido de tentar entender o que os números nos

PRODUTIVIDADE

mostram. Mas, sem dúvida, identificar que a percepção de aumento de produtividade no uso do *smartphone* aumenta com a idade, é uma informação importante para qualquer gerente Organizacional e qualquer pessoa preocupada com produtividade.

2) Função X Percepção da Produtividade com o Uso do Smartphone

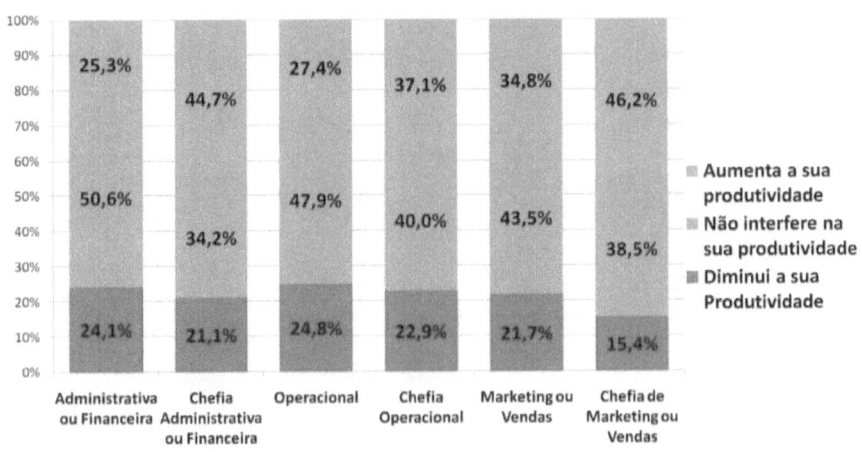

Nesse gráfico, tabulamos as funções profissionais versus a percepção da produtividade com o uso do *smartphone* e encontramos que todas as chefias acreditam ter maior produtividade com o uso do celular em relação aos profissionais da mesma área que não exercem função de chefia. Também percebemos que o pessoal de Marketing/Vendas conseguem uma produtividade maior que o pessoal das outras áreas. Isso está nos mostrando que nem todas as funções estão tendo o mesmo ganho de produtividade com o *smartphone* no trabalho e, pior ainda, o ganho de produtividade revelado ainda é muito sutil.

3) Função X Tempo que Fica sem Mexer no Smartphone

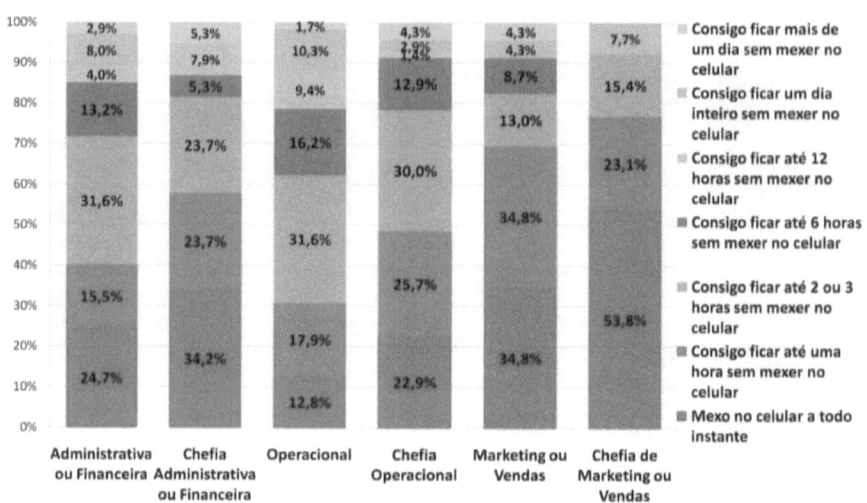

Nessa tabulação, vemos que o pessoal de Marketing/Vendas é quem fica menos tempo longe do celular, o que segue a lógica; mas a pergunta que devemos nos fazer é se é realmente necessário, considerando todas as áreas, tanta dependência do *smartphone* durante o trabalho; haja vista que, a área Operacional (a área menos dependente do celular) tem 30,7% de profissionais que não conseguem ficar mais de uma hora sem mexer no celular, e a área de Marketing/Vendas (a área mais dependente do celular) tem 76,9% de profissionais que não conseguem ficar mais de uma hora sem mexer no celular.

4) Função X Tipo de Smartphone - Particular ou Corporativo

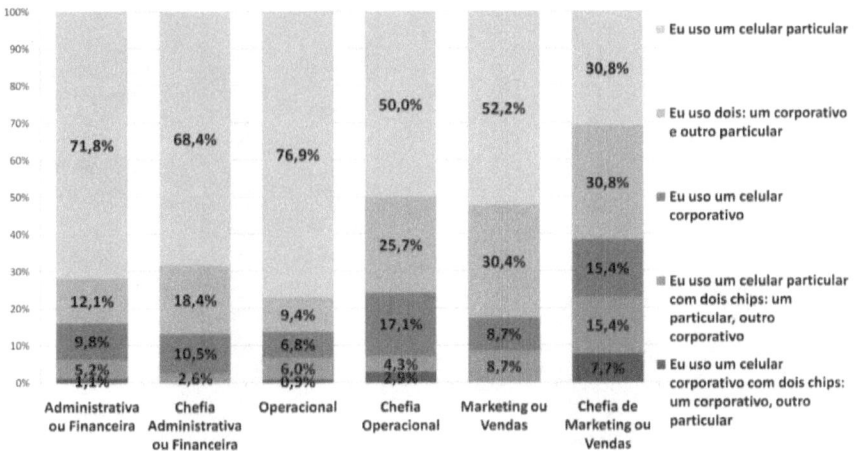

Nesse gráfico, vemos que as maiores fatias de uso de celular corporativo estão com as chefias Operacional (17,1%) e de Marketing/Vendas (15,4%). O pessoal Operacional é aquele que tem a maior fatia de uso de celular particular (76,9%), seguido pelo pessoal da área Administrativa e Financeira (71,8%).

5) Tipo de Smartphone - Particular ou Corporativo X Percepção da Produtividade

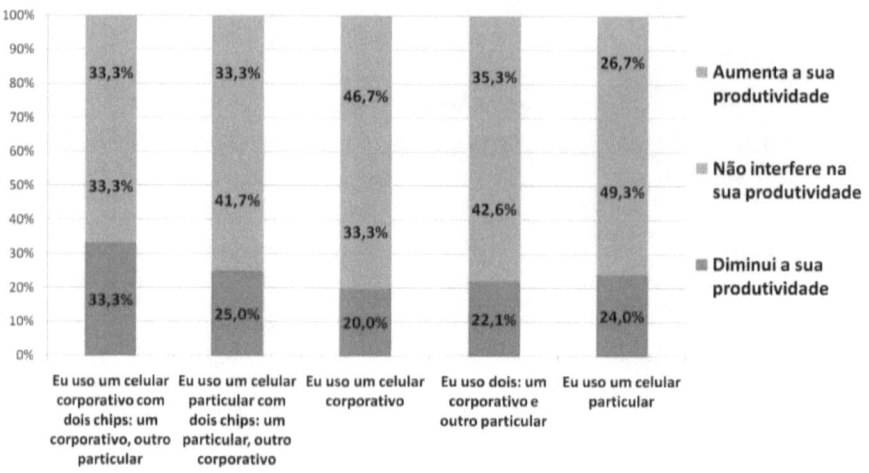

Os profissionais que utilizam apenas o celular corporativo indicaram a maior percepção positiva de produtividade, enquanto que, ao contrário, os profissionais que utilizam apenas o celular particular indicaram a menor percepção positiva de produtividade.

6) Tipo de Smartphone - Particular ou Corporativo X Forma de Uso - Part. ou Trabalho

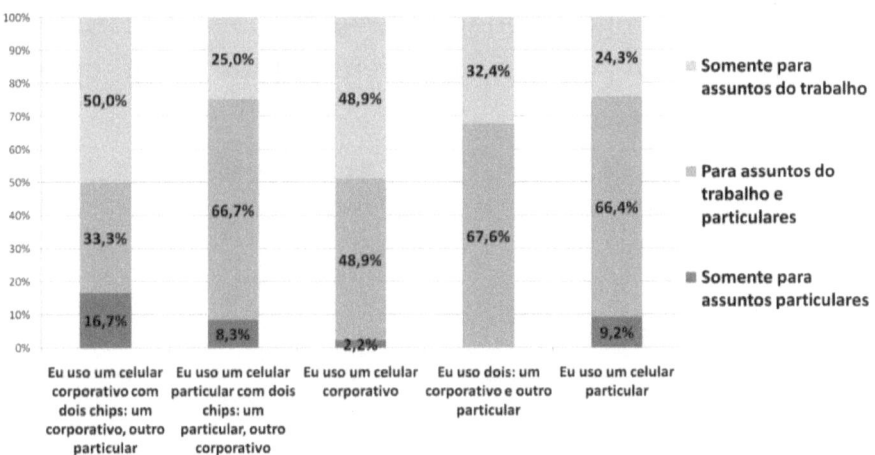

Nesse gráfico, vemos que o pessoal que utiliza um celular particular foi quem indicou o menor percentual de uso exclusivo para assuntos de trabalho (24,3%), enquanto que o pessoal que utiliza somente um celular corporativo foi o segundo maior percentual dedicado ao uso exclusivo em assuntos de trabalho (48,9%), logo atrás de um celular corporativo com dois chips (50,0%).

Muito Mais a Entender

Sem dúvida alguma, esse tema é vasto e extenso, e não se esgota aqui; ao contrário, pois, cada vez mais, ganha maior proporção nas Organizações e entendê-lo muito bem é uma necessidade. Por isso, trabalhar na busca da melhor utilização possível do *smartphone* nas Organizações deve

PRODUTIVIDADE

ser tarefa obrigatória dos gestores e de todos os responsáveis por produtividade; além de ser, é claro, responsabilidade inerente a todo profissional que se preze! Desenvolver as oportunidades dessa ferramenta fantástica e, ao mesmo tempo, minimizar seus pontos fracos, esse é o desafio!

DESMISTIFICANDO O PROFISSIONAL MULTITAREFA

Existe um mito de que algumas profissionais acreditam que conseguem fazer mais de uma tarefa ao mesmo tempo, e até alguns recrutadores solicitam esse tipo de perfil, na vã esperança de encontrá-lo. Acontece que não existe tal profissional. As pesquisas da neurociência nesse âmbito já provaram que não é possível dar atenção a mais de uma tarefa intelectual ao mesmo tempo. Mas, vamos entender melhor o que isso quer dizer!

Pesquisas da Universidade de Utah

Em 2013, um estudo publicado pelos professores de psicologia David Strayer e David Sanbonmatsu, da Universidade de Utah, analisou 310 estudantes de graduação de Psicologia, através de uma bateria de testes

PRODUTIVIDADE

e questionários para medir a capacidade real de multitarefa, a capacidade percebida de multitarefa, o uso de telefone celular durante a direção, o uso de uma ampla variedade de mídias eletrônicas, e os traços de personalidade (como impulsividade e busca de sensações). As principais conclusões foram:

- Aqueles que eram os melhores em multitarefa eram os menos propensos a realizar várias tarefas simultaneamente;
- Quanto mais as pessoas faziam multitarefa, mais elas careciam da capacidade real de realizar multitarefa, e sua capacidade percebida de multitarefa foi significativamente superestimada;
- Pessoas com traços de personalidade com altos níveis de impulsividade e busca de sensações eram mais propensas a realizar multitarefa;
- Surpreendentemente, o multitarefa faz isso porque é menos capaz de bloquear as distrações e se concentrar em uma tarefa única, e não porque seja bom nisso.

Os pesquisadores disseram, ainda, que a multitarefa das mídias (exceto o uso do telefone celular na direção) correlacionou-se significativamente com a impulsividade (especialmente a incapacidade de se concentrar e o ato de agir sem pensar), por isso, pessoas impulsivas tendem a ser mais orientadas a recompensas e mais aptas a assumir riscos, podendo ser menos sensíveis às perdas de produtividade associadas à multitarefa. A multitarefa (incluindo o uso de telefone celular na direção) correlacionou-se significativamente, também, com a busca de sensações, indicando que boa parte das pessoas faz multitarefa por ser mais estimulante, interessante ou desafiador, ainda que isso possa prejudicar seu desempenho geral.

Pesquisas da Universidade de Michigan

Em experimentos publicados em 2001 pela APA (American Psychological Association), Jeffrey Evans, David Meyer, e Joshua Rubinstein estudaram jovens adultos alternando entre diferentes tarefas, como resolver problemas de matemática ou classificar objetos geométricos. Para todas as tarefas, os participantes perderam tempo quando tiveram que mudar de uma tarefa para outra. À medida que as tarefas se tornavam mais complexas, os participantes perdiam mais tempo, e eram mais rápidos quando mudavam para tarefas que conheciam melhor. O professor Meyer afirma que mesmo breves interrupções mentais criadas pela troca de tarefas podem custar até 40% do tempo produtivo de alguém.

Pesquisas do Inserm

Jean-Philippe Lachaux, neurocientista do Centro de Pesquisas em Neurociências de Lyon, que faz parte do Inserm-Institut National de la Santé et de la Recherche Médicale (Instituto Nacional de Saúde e Pesquisa Médica - em tradução livre) explica que é impossível para o cérebro realizar duas tarefas intelectuais ao mesmo tempo. Ele diz que somente é possível executar duas tarefas ao mesmo tempo, quando uma delas é automática, por exemplo, dirigir um automóvel e ouvir música, ou andar de bicicleta e cantar. Se as duas tarefas exigirem atenção, então, não tem jeito, deverá haver alternância da atenção entre uma e outra, por exemplo, participar de uma reunião e checar as mensagens (quando se verifica as mensagens, não se presta atenção à reunião!) e isso acarreta, além dos prejuízos previsíveis, uma perda significativa de produtividade.

Conclusão

Ser produtivo é, antes de tudo, realizar as tarefas mais importantes (prioritárias) da melhor maneira e no menor tempo possível. É claro que, na vida real, é muito difícil conseguir se concentrar em uma única tarefa, pois, na grande maioria das situações, o profissional deve dar andamento a diferentes tarefas concomitantemente (situação típica do dia a dia de um gestor). Mas, isso não quer dizer executá-las exatamente ao mesmo tempo, e sim, fazê-las no tempo disponível, uma de cada vez, alternando-as de acordo com a necessidade. Ter foco e atenção é uma questão-chave. Portanto, a partir de agora, se alguém se apresentar como profissional multitarefa, pergunte qual é o conceito de multitarefa que ele tem!

SHISA KANKO - UMA EFICAZ TÉCNICA JAPONESA PARA REDUÇÃO DE ERROS

Shisa Kanko (*"pointing and calling"* no Inglês, ou "apontar e falar" no Português) é uma técnica japonesa de verificação de pontos importantes e críticos com o objetivo de evitar erros, cujas origens apontam o uso nas ferrovias do Japão, no começo do século XX, ao se buscar maior confiabilidade na condução dos trens e segurança dos passageiros.

O Método

A técnica, segundo informações do JICOSH (Centro Internacional para Saúde e Segurança Ocupacional do Japão), possui o seguinte protocolo:

QUALIDADE

1. Olhar para o objeto que se quer verificar
2. Apontar para o objeto
3. Trazer o dedo junto ao ouvido e verificar
4. Esticar o braço e falar o resultado em voz alta

Para dar um exemplo, digamos que sua tarefa é garantir que uma alavanca esteja acionada. Você olha e aponta seu indicador diretamente para a alavanca, traz seu dedo junto ao ouvido e verifica se ela está acionada; aí você estica o braço e diz em voz alta, confirmando: "alavanca acionada" ou, simplesmente, "ok"!

O fundamental nessa técnica é o fato de utilizar as ações de **apontar e falar**, pois, o fato de movimentar seus músculos ao apontar o deixa mais alerta em relação ao que está sendo verificado e aumenta a concentração, e ouvir sua própria voz ao falar estimula seu cérebro facilitando, inclusive, a lembrança do que foi verificado.

Eficácia

Segundo um estudo realizado em 1994 pelo Instituto de Pesquisa Técnica Ferroviária do Japão (*Railway Technical Research Institute*), trabalhadores que foram solicitados a executar determinada tarefa, sem a utilização de qualquer medida especial para evitar falhas tiveram 2,38% de erros. Quando foi solicitado que adotassem a técnica de "apontar" ou "falar", a taxa de erros caiu significativamente, mas, ao utilizarem a técnica de "apontar e falar", as falhas caíram ainda mais, chegando a 0,38%, ou seja, a adoção do *Shisa Kanko* foi capaz de reduzir em 84% os erros.

QUALIDADE

Apesar do *Shisa Kanko* ser utilizado, primordialmente, em situações que envolvem risco de acidentes, seja em ferrovias, no metro, ou em fábricas do Japão (inclusive a Toyota), o japonês já estende seu uso também para outras situações como, por exemplo, conferir o material escolar ou analisar informações no computador do escritório.

DEMING - O HOMEM QUE MUDOU O JAPÃO

Foto cortesia do Instituto W. Edwards Deming® - Photo courtesy of The W. Edwards Deming Institute®

COPYRIGHT © FALANDO DE GESTÃO 2 - RODRIGO VARGAS

William Edwards Deming foi um dos americanos mais influentes no Japão, sendo apontado como um dos grandes responsáveis pela recuperação econômica do Japão pós-guerra. Akio Morita, um dos cofundadores da Sony e um de seus principais executivos até próximo de sua morte em 1999, escreveu em seu livro *Made in Japan*, publicado em 1986, o seguinte parágrafo sobre Deming: *"The "patron saint" of Japanese quality control, ironically, is an American named W. Edwards Deming, who was virtually unknown in his own country until his ideas of quality control began to make such a big impact on Japanese companies."* Cuja tradução livre é a seguinte: *"O "santo patrono" do controle de qualidade japonês, ironicamente, é um americano chamado W. Edwards*

QUALIDADE

Deming, que era praticamente desconhecido em seu próprio país até que suas ideias sobre controle de qualidade começaram a causar um enorme impacto nas empresas japonesas."

Pontos de Vista

Do livro de W. Edwards Deming, *Out of the Crisis*, publicado em 1982, podemos retirar um pouco da essência de seu pensamento:

- Deming estimava, baseado em sua experiência, que a maioria dos problemas e a maioria das possibilidades de melhoria tinham a seguinte proporção: 94% pertencendo ao sistema (responsabilidade da gestão), e 6% vindo de causas especiais.

- Deming acreditava que cessar a dependência de inspeção era fundamental para atingir a qualidade, criando qualidade desde o início.

- Deming afirmava que novos produtos e serviços são gerados, não devido ao fato de se perguntar ao consumidor, mas decorrentes do conhecimento, imaginação, inovação, risco, tentativa e erro por parte do fabricante, apoiados por capital suficiente para desenvolver o produto ou serviço e se manter no negócio nos meses mais difíceis, durante a introdução no mercado.

- Deming acreditava que o objetivo da liderança deve ser o de melhorar o desempenho do homem e da máquina, melhorando a qualidade, aumentando a produção e, simultaneamente, trazendo orgulho aos colaboradores. O objetivo da liderança não é apenas encontrar e registrar as falhas dos homens, mas remover as causas do fracasso, ajudando as pessoas a fazer um trabalho melhor e com menos esforço.

- Deming afirmava que o suporte dos executivos da alta direção com qualidade e produtividade não é suficiente, pois é preciso que eles saibam com o que estão comprometidos - isto é, o que devem fazer. Essas obrigações não podem ser delegadas, portanto, o suporte não é suficiente: a ação é necessária!

- Segundo Deming, compromisso de longo prazo com novas aprendizagens e novas filosofias é exigido de qualquer administração que busque transformação. Os medrosos, e as pessoas que esperam resultados rápidos, estão fadados ao desapontamento.

Trajetória

Deming nasceu na cidade de Sioux (Iowa), em 1900, e formou-se em engenharia pela Universidade de Wyoming, em 1921, quando começou a dar aulas nessa mesma Universidade. Continuou estudando e, em 1925, obteve o título de Mestre em Matemática e Física pela Universidade do Colorado e, três anos depois, o de Doutor em Física pela Universidade de Yale. Em 1927 começou a trabalhar como físico matemático no Laboratório de Pesquisa de Nitrogênio Fixo do Departamento de Agricultura dos Estados Unidos (USDA), em Washington (DC). Nessa época, conhece Walter Shewhart, pessoa que terá um grande impacto em sua vida. Shewhart, um físico da *Bell Telephone Labs*, inventou o que conhecemos hoje como Controle Estatístico de Qualidade (que permite que a variação do processo seja observada pela administração, possibilitando a previsão de desempenho futuro em um processo estável).

Em 1935, Deming começa a ensinar matemática e estatística na *USDA Graduate School*. Passa um ano na *University College*, em Londres, em licença do USDA. Ele estuda com os grandes estatísticos Ronald Fisher, Egon Pearson e Jerzy Neyman. Deming contribui para o crescimento e entendimento do uso de estatísticas, especialmente na área de amostragem. Seu trabalho influencia os pesquisadores de mercado e o escritório de Recenseamento dos EUA.

Em 1937, publica, junto com Raymond T. Birge, a brochura *On the Statistical Theory of Errors* (Sobre a Teoria Estatística dos Erros - em tradução livre); e inicia o patrocínio de uma série de palestras sobre controle estatístico de qualidade na *USDA Graduate School*, com Walter Shewhart, da Bell Telephone Labs, J. Neyman, R. A. Fisher, John Wishart e William G. Cochran.

Em 1939, a *USDA Graduate School* publica as palestras do Dr. Shewhart com Deming sobre os métodos estatísticos de controle de qualidade. Entre 1939 e 1946, Deming trabalha para o Departamento de Recenseamento dos EUA como consultor em técnicas de amostragem estatística, quando inicia, no censo de 1940, o uso de técnicas de pesquisa com base estatística (o que melhora a precisão e reduz o custo do censo). Deming introduz, também, o uso de técnicas estatísticas de controle de qualidade para melhorar o processo de tabulação e resumo dos resultados, sendo considerado o primeiro uso de métodos estatísticos de melhoria de qualidade em um ambiente de escritório.

Em 1942, além de trabalhar no Departamento de Recenseamento dos EUA, atua como consultor do Secretário de Guerra, e torna-se um conselheiro em educação estatística para o Grupo de Pesquisa Estatística da Universidade de Columbia. Em 1943, ensina vários cursos de curta duração sobre o básico da estatística aplicada a engenheiros e outros, em apoio aos esforços da Guerra; e, sob a direção de W. Allen Wallis, da Universidade de Stanford, Deming inicia o programa de treinamento estatístico de Stanford, treinando quase 2.000 pessoas em dois anos, usando o Ciclo de Aprendizado e Aprimoramento de Shewhart e o seu Ciclo PDSA.

Em 1946, toma uma importante decisão em sua carreira, deixando o serviço público para ser consultor particular, e se junta ao corpo docente da Escola de Administração de Empresas da Universidade de Nova York. Nesse mesmo ano, é enviado à Grécia, como estatístico da missão aliada com o objetivo de observar as eleições gerais. Viajou, também, para a Índia, como consultor em amostragem para o governo Indiano, retornando em 1947, 1951, e 1971.

Em 1947 Deming é chamado ao Japão, pela primeira vez, pelas autoridades americanas de ocupação. O Comando Supremo das Forças Aliadas do General MacArthur

QUALIDADE

(SCAP) solicita que Deming ajude os estatísticos japoneses a avaliar os problemas de nutrição e moradia em seu país devastado e, ao mesmo tempo, prepare o Japão para um censo a ser realizado em 1951. Ainda em 1947, Deming torna-se o primeiro membro honorário da Sociedade Estatística do Japão (JSS).

Em 1950, Deming recebe convite da União de Cientistas e Engenheiros Japoneses (JUSE) para ministrar cursos sobre a aplicação de estatísticas para melhoria da qualidade. Eizaburo Nishibori, membro do JUSE, e o professor Sigeiti Moriguti da Universidade de Tóquio convidam Deming para palestra sobre métodos estatísticos para negócios em uma sessão patrocinada pela prestigiada Keidanren (Federação de Negócios do Japão), sob a liderança de seu presidente, Ichiro Ishikawa (também presidente da JUSE). Deming realizou, também, várias palestras na Universidade de Tóquio.

Ainda em 1950, Deming publica o livro *Some Theory of Sampling* (Um Pouco de Teoria da Amostragem - em tradução livre), e o livro *Elementary Principles of the Statistical Control of Quality* (Princípios Elementares do Controle Estatístico da Qualidade - em tradução livre). Nos dois anos seguintes, e, também, em 1955 e 1956, Deming retornaria ao Japão, como consultor e professor, para dar continuidade aos trabalhos com a JUSE.

Deming, além do Japão, viajou a vários outros países, levando seu conhecimento sobre estatística e melhoria. Deming voltaria ao Japão no ano de 1965 mas, desta vez,

QUALIDADE

para ver todas as mudanças que ocorreram devido aos seus ensinamentos. Escreveu, ainda, vários outros livros, incluindo aquele que é um dos seus mais conhecidos livros: *Out of the Crisis* (Saia da Crise), publicado em 1982.

Reconhecimento

Em 1951, a União de Cientistas e Engenheiros Japoneses (JUSE), institui o Prêmio Deming, que é concedido a cada ano no Japão a um estatístico (por contribuições para a teoria estatística), e a uma empresa (por se destacar no uso da teoria estatística para a melhoria). Em 1960, Deming é condecorado com a Medalha da Segunda Ordem do Tesouro Sagrado, pelo Imperador do Japão, Hirohito, como um reconhecimento de que a filosofia e os métodos que ele forneceu ao Japão, permitiram que a nação saísse da destruição e desmantelamento, para se tornar um novo poder econômico mundial.

OS 3 INIMIGOS DA MANUFATURA

Usados, originalmente, no Sistema Toyota de Produção (e chamados de 3 M's), os termos "muda", "mura", e "muri" representam situações contrárias à qualidade e à boa manufatura, e que, por isso, devem ser constantemente monitoradas e eliminadas (ou reduzidas). Vamos vê-los, a seguir.

Muda

Representa qualquer atividade que consome recursos sem criar valor para o cliente; é o desperdício. Nessa categoria, podemos encontrar num processo qualquer um dos 7 desperdícios a seguir:

- Espera: O tempo de espera por materiais, pessoas, equipamentos, informações, etc.

QUALIDADE

- Defeito: Qualquer defeito no produto trará prejuízos à Organização, seja por retrabalho, por um reparo necessário, ou, pior ainda, pelo impacto no cliente!
- Transporte: Todo deslocamento de material, de um local para outro, que não agrega valor ao produto!
- Movimentação: Todo movimento de pessoas que não agrega valor ao produto, seja para buscar ferramentas, peças, informações, ajuda, etc.
- Excesso de Estoque: Matéria-prima mais do que o necessário, seja por falta de confiança na entrega, por problemas de qualidade, por falhas na programação, etc. Alto inventário, normalmente, esconde algum problema!
- Excesso de Produto Acabado: Produção maior do que aquela necessária para atender o cliente é desperdício!
- Mau Processamento: Toda operação que não agrega valor ao produto não é percebida pelo cliente, sendo apenas um desperdício.

Mura

Atividade executada de forma inadequada, sem padronização; é, por exemplo, a irregularidade no processo de produção.

QUALIDADE

Muri

Representa a atividade que exige muito esforço para ser executada; ou que causa sobrecarga, seja no operador, seja no equipamento.

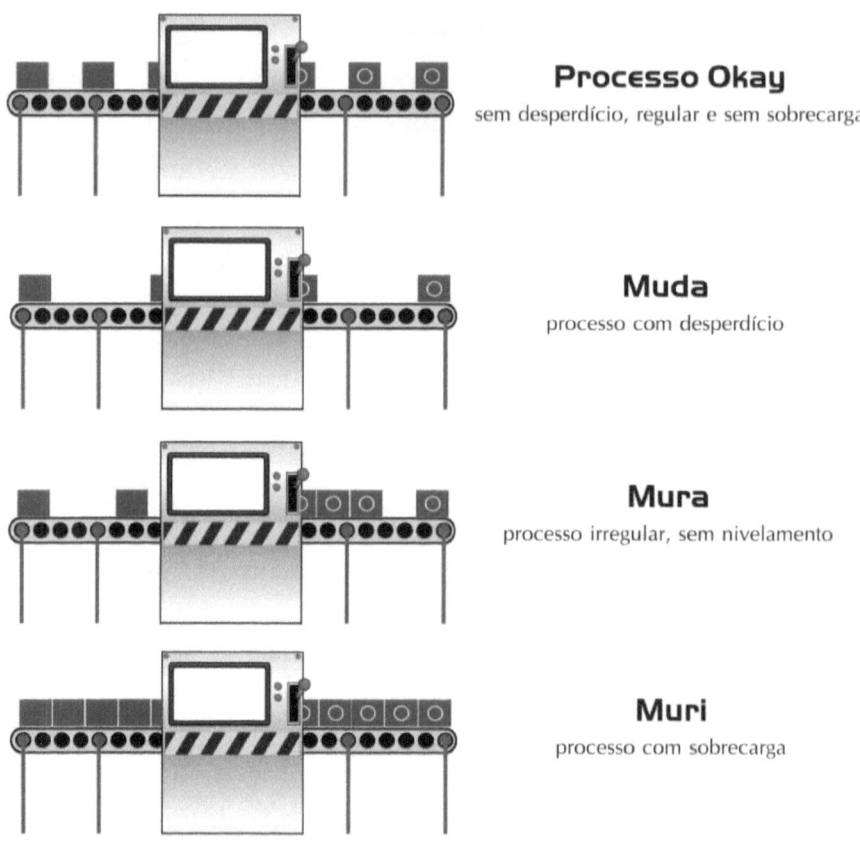

Processo Okay
sem desperdício, regular e sem sobrecarga

Muda
processo com desperdício

Mura
processo irregular, sem nivelamento

Muri
processo com sobrecarga

Para seguir no caminho da produção enxuta, cuide para detectar, eliminar ou, pelo menos, minimizar os 3 inimigos (muda, mura, e muri) da manufatura.

PARA TERMINAR

Desejo que os insights apresentados neste livro tenham proporcionado a você algum novo conhecimento, ou importantes reciclagens, com boas reflexões e criação de novas perspectivas; e que isso lhe possibilite desenvolver novas competências, ou aperfeiçoar as que você já possui, tornando-o um profissional ainda melhor.

Leonardo da Vinci, um dos maiores gênios da humanidade de todos os tempos, e um exemplo de uma pessoa que cultivava o conhecimento (realizou trabalhos de pintura, botânica, geologia, cartografia, mecânica, anatomia, entre outros), disse o seguinte: "O desejo natural dos bons homens é conhecimento!"

Boa Sorte na sua trajetória e muito Sucesso!

Rodrigo Vargas

AGRADECIMENTO

Obrigado pela leitura do livro! Espero que este meu trabalho tenha lhe agregado valor e, de algum modo, despertado novas ideias, criado conhecimentos ou encorajado reflexões. Gostaria muito de poder conhecer a sua opinião sobre o livro e, para isso, seria fantástico (e eu ficaria muito grato!) se você pudesse dedicar algum tempo para escrever uma avaliação na página do livro, na loja onde foi comprado, contando o que gostou e o que pode ser melhorado. Isso poderá me proporcionar desenvolvimento e evolução, além do que, ajuda autores independentes, como eu, a divulgar o trabalho e informar outros leitores.

Muito obrigado!

Rodrigo Vargas

OUTRAS PUBLICAÇÕES DE RODRIGO VARGAS

Após a visita de milhares de profissionais e estudantes ao portal GestaoIndustrial.com, e várias solicitações para disponibilizar o conteúdo em formato de livro, foi aceito mais este desafio. O objetivo foi o de disponibilizar conteúdo e informação, devidamente adaptados ao formato de livro, de modo que você pudesse carregá-lo sempre consigo, inclusive off-line. Portanto, este livro contém, basicamente, os temas que, ao longo de vários anos, foram editados para o portal da web, no entanto, é bom que se frise, o conteúdo não é exatamente o mesmo.

O livro "Gestão Industrial de A a Z" proporciona uma visão geral da gestão na indústria, abordando os seus temas mais importantes: Análise de Alternativas Econômicas, Best Sellers – Processos e Pessoas, China, Comércio Exterior, Compras, Contabilidade Financeira, Contabilidade Gerencial, Custos Industriais, Desenvolvimento de Competências, Desenvolvimento do Produto, Eficiência dos Processos, Estrutura Organizacional, Ferramentas da Qualidade, Gestão de Estoques, Gestão de Pessoas, Gestão do Tempo,

OUTRAS PUBLICAÇÕES DE RODRIGO VARGAS

Indicadores Econômicos da Atividade Industrial, Lean Manufacturing, Liderança Eficaz, Logística, Manutenção Industrial, Marketing, Modelo de Gestão, MRP – Manufacturing Resource Planning, O Uso Do E-mail Nas Organizações, O Desperdício de Tempo no Trabalho, Pensamentos Motivacionais, Planejamento Avançado da Qualidade do Produto (APQP), Planejamento da Demanda, Planejamento Estratégico, Política de Estoques, Pós-Vendas, Princípios de Gestão, Qualidade Total, Reuniões Eficazes, Sistema de Gestão da Qualidade, Six Sigma, Sustentabilidade, TPM – Manutenção Produtiva Total, Transportes, Tributação, Vendas.

OUTRAS PUBLICAÇÕES DE RODRIGO VARGAS

O livro "52 Bons Hábitos de Gestão, Liderança e Relações Humanas" descreve os bons hábitos que podem ajudar você, em seu ambiente de trabalho, a se destacar dos demais, demonstrando confiança e credibilidade aos superiores, pares e subordinados; aumentando sua produtividade e de sua equipe; melhorando seu relacionamento, sua liderança, sua eficiência e otimizando seu tempo. O livro é resultado do aprendizado e da análise crítica do autor decorrente de vários anos de experiência em gestão na indústria.

Com uma linguagem simples e objetiva, o livro é uma opção de leitura fácil e envolvente distribuída ao longo de 52 capítulos: 1. Estabeleça metas e trabalhe para atingi-las! 2. Saiba ter equilíbrio emocional! 3. Esteja preparado para as mudanças! 4. Saiba como marcar reuniões eficazmente! 5. Solucione problemas! 6. Aprenda a dar ordens! 7. Exponha uma opinião contrária de modo inteligente! 8. Coloque as pessoas de sua equipe onde elas rendem mais! 9. Relacione tarefas a nomes! 10. Lidere reuniões! 11. Faça, pelo menos, um elogio por dia! 12. Demonstre sempre uma postura séria! 13. Saiba conviver com as críticas! 14. Saiba gerenciar eficazmente seu tempo! 15. Dê bons exemplos! 16. Prefira não criticar seu colega! 17. Não se envolva com fofocas! 18. Comemore as suas vitórias! 19. Evite discussões! 20. Seja justo! 21.

OUTRAS PUBLICAÇÕES DE RODRIGO VARGAS

Tenha um aperto de mão firme! 22. Assuma seus erros! 23. Peça *feedback* sincero! 24. Em reuniões, fale somente o necessário! 25. Não exagere no trabalho! 26. Faça um esporte! 27. Faça um trabalho voluntário! 28. Só prometa aquilo que você está certo de que poderá cumprir! 29. Avalie eficazmente sua equipe! 30. Tenha um plano de carreira! 31. Livre-se das perguntas embaraçosas! 32. Formalize o que é importante! 33. Fale em público! 34. Contorne os erros. Tenha foco na busca de soluções! 35. Saiba como chamar a atenção dos outros, quando errarem! 36. Entenda plenamente toda a pergunta que lhe for feita e pense antes de respondê-la! 37. Crie uma perspectiva positiva do futuro! 38. Alimente sua cultura geral! 39. Fale outras línguas! 40. Busque constantemente o autodesenvolvimento! 41. Motive sua equipe! 42. Apoie sua equipe! 43. Cumprimente com voz firme! 44. Respeite as normas internas da empresa! 45. Vista-se com elegância! 46. Sorria! 47. Compartilhe informações com sua equipe! 48. Tome decisões! 49. Aprenda com os erros. Aproveite toda energia contida neles! 50. Encare desafios! 51. Delegue autoridade! 52. Siga seus princípios!

O livro "Matemática Financeira Descomplicada", que é um manual prático, traz para você os fundamentos e principais conceitos da matemática financeira, com explicações objetivas e simplificadas. Afinal de contas, seja para analisar a melhor alternativa de investimento, ou para definir a melhor opção de compra, são muitas e variadas as oportunidades para a utilização dos conceitos da matemática financeira no dia a dia.

É indicado para estudantes e profissionais que necessitem conhecer e aprender os principais conceitos da matemática financeira. Também é indicado para quem quer obter conhecimento para uso geral, do dia a dia, a fim de conseguir entender melhores alternativas de aplicação financeira, ou de compras de produtos, por exemplo, para comparar e avaliar alternativas a prazo e à vista, entre outras.

Algumas das características desta edição:

1. Para cada novo conceito, o livro traz exemplos de aplicação ou simulações;
2. Os exercícios resolvidos apresentam tanto as resoluções matemáticas, quanto as resoluções com a HP 12C (demonstração "passo a passo" e "tecla a tecla"), além de mostrar o uso das tabelas financeiras;

OUTRAS PUBLICAÇÕES DE RODRIGO VARGAS

3. O livro conta com uma seção ilustrada, para iniciantes na HP 12C;
4. Tabelas-resumo, com fórmulas e principais conceitos;
5. Tabelas financeiras para facilitar os cálculos e permitir resolver questões com o uso de calculadoras comuns.

A "Cultura de Melhoria" é a mais robusta maneira de levar uma Organização aos níveis de excelência, alcançando melhores resultados, e criando um ambiente de trabalho positivo e fértil. O livro faz uma análise objetiva das mudanças das últimas décadas e das necessidades atuais do mundo corporativo, discorrendo sobre os aspectos que levam a empresa a criar e manter uma Cultura de Melhoria, os benefícios associados a ela, bem como o trabalho que se deve fazer para implantá-la. É um livro prático, abordando o passo a passo para fazer uma transformação positiva na Cultura Organizacional, através dos 7 degraus da criação da Cultura de Melhoria:

1. Decisão
2. Seleção das Lideranças
3. Treinamento das Lideranças
4. Treinamento dos Colaboradores
5. Fermentação Cultural
6. Repetições Cíclicas
7. Cultura de Melhoria

O livro é indicado para gestores interessados em melhorar a Cultura na sua Organização, buscando maior competitividade, melhor ambiente de trabalho, e melhores resultados. É indicado, também, para os profissionais que buscam ampliar seus horizontes, entendendo importantes aspectos da Cultura de uma Organização.

No "Guia Prático de Finanças do Dia a Dia" você vai conhecer várias maneiras para usar o seu dinheiro com critério e discernimento, com o objetivo de conquistar uma vida financeira mais saudável!

Veja alguns dos tópicos abordados neste livro:

- Como calcular o valor da multa e juros de um boleto?
- Como calcular o valor futuro de aplicações financeiras?
- Como avaliar a melhor alternativa de investimento?
- Como calcular um aumento acumulado?
- Inflação x Ganho real?
- Pagar à vista ou a prazo? O que é melhor? E quando?
- Quais são os tipos de crédito pessoal e suas taxas?
- Como calcular os juros do cheque especial e do cartão?
- Como planejar financeiramente uma compra ou poupança?

E mais, conheça os 8 Mandamentos das Finanças do Dia a Dia, baixe gratuitamente a calculadora financeira em planilha eletrônica (ensinaremos, no livro, o passo a passo para você poder usá-la) e a planilha de controle de finanças domésticas!

OUTRAS PUBLICAÇÕES DE RODRIGO VARGAS

Reformule sua maneira de comprar e investir, reveja sua forma de usar o dinheiro, adquira o controle de suas finanças! Compre agora o "Guia Prático de Finanças do Dia a Dia", e comece já a mudar o seu presente e a construir um futuro melhor!

O que você vai encontrar nesse livro? A resposta rápida é: valiosos insights de gestão!

Este livro reúne artigos escritos em 2018 para o Blog que faz parte do portal GestaoIndustrial.com, e que foram organizados por categorias para otimizar a leitura. O livro "Falando de Gestão" é indicado a todos que gostam do tema e querem se desenvolver através de insights que envolvem vários aspectos relativos à gestão.

No livro você encontrará os seguintes temas, discutidos através de vários artigos do autor:

- Administração Geral
- Cultura Organizacional
- Desenvolvimento Profissional
- Gestão de Projetos
- Liderança
- Marketing
- Planejamento Estratégico,
- Produtividade
- Qualidade.

OUTRAS PUBLICAÇÕES DE RODRIGO VARGAS

 Baseado em uma permanência de um mês na China, a trabalho em 2010, eu decidi colocar no papel alguns aspectos interessantes e vários aprendizados dessa interessante e enriquecedora experiência.

Um dos maiores objetivos foi o de dar uma macro perspectiva da forte economia chinesa, e mostrar alguns indicadores chave relacionados a isso. Para uma melhor compreensão dos números, foi feita uma comparação com as economias dos Estados Unidos e do Brasil. Foram atualizados os indicadores em 2015 com a melhor e mais confiável informação que pôde ser encontrada, cujos dados, basicamente, foram coletados da Agência Central de Inteligência Norte Americana (CIA) e do Banco Mundial (WB).

Esse livro, escrito em inglês, pode-se dizer que é como um álbum de viagem, com informações técnicas e interessantes sobre a economia e o povo chinês.

O processo cognitivo do desenvolvimento de competências depende necessariamente da memória, ele está baseado no que eu chamo de círculo virtuoso do estudante de sucesso: estudar, compreender, e memorizar! Portanto, sem memorização não há conhecimento. Veja que as pesquisas de Ebbinghauss mostraram que em condições normais, após 2 dias, a lembrança do que havia sido previamente memorizado tende a ser menos de 30%, por isso as técnicas adequadas e a correta metodologia do estudo pode proporcionar um rendimento e uma eficiência muito maiores.

No livro "Técnicas de Memorização para Estudantes" você vai conhecer os Mandamentos da Boa Memória (hábitos para criar uma boa memória), as Dicas de Memorização (*insights* para turbinar a memorização), e os Métodos de Memorização (sistemas estruturados para memorizar desde pequenos até grandes conteúdos) aplicados ao estudo do conteúdo do ensino médio (o que facilita o entendimento para a grande maioria das pessoas) e, com extrema facilidade, você conseguirá criar seus próprios "pregos" mnemônicos para outras matérias e necessidades.

As técnicas apresentadas se aplicam às mais variadas necessidades de memorização, seja ou não estudante,

OUTRAS PUBLICAÇÕES DE RODRIGO VARGAS

inclusive com excelente aplicação no âmbito profissional, no dia a dia do trabalho.

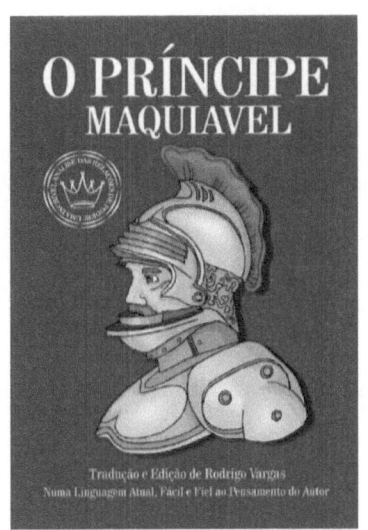

Esta é a tradução que fiz, a partir do original italiano, deste grande clássico da moderna filosofia política, e que é um dos livros mais lidos e traduzidos de todos os tempos. O livro "O Príncipe" é um tratado político em que Maquiavel ensina como conquistar e manter o poder, demonstrando, com abundantes exemplos, as melhores estratégias, analisando os erros e os acertos dos príncipes, e dando orientações sobre as melhores formas de governar.

É melhor ser amado ou temido? Por que não se deve deixar ser odiado pelas pessoas? O quanto a sorte influencia os acontecimentos, e como reduzir seus efeitos? Por que as pessoas apoiam os oportunistas? Por que, e como, deve-se evitar os bajuladores? Que cuidados devemos ter ao escolher os ministros de governo, e o que fazer para mantê-los fiéis? Tudo isso, e muito mais, Maquiavel nos explica em detalhes, ao longo dos 26 capítulos de seu livro.

Esta edição apresenta o texto completo, numa linguagem atual, fácil de entender, e fiel ao estilo e ao pensamento do autor. Inclui, ainda, uma seção com informações sobre os personagens que são citados no livro por Maquiavel. Tudo isso para você ter um excelente entendimento do texto original de um dos maiores clássicos da literatura.

www.ingramcontent.com/pod-product-compliance
Lightning Source LLC
Chambersburg PA
CBHW030625220526
45463CB00004B/1423